"十四五"物流管理与工程类专业规划教材

仓储与配送实务

刘　乙　编著

中国财富出版社有限公司

图书在版编目（CIP）数据

仓储与配送实务／刘乙编著．—北京：中国财富出版社有限公司，2021.9

（“十四五”物流管理与工程类专业规划教材）

ISBN 978－7－5047－7530－6

Ⅰ.①仓…　Ⅱ.①刘…　Ⅲ.①仓库管理—高等学校—教材 ②物流—配送中心—企业管理—高等学校—教材　Ⅳ.①F253

中国版本图书馆 CIP 数据核字（2021）第 188281 号

策划编辑	黄正丽	**责任编辑**	邢有涛　郑泽叶	**版权编辑**	李　洋
责任印制	梁　凡	**责任校对**	杨小静	**责任发行**	敬　东

出版发行	中国财富出版社有限公司		
社　　址	北京市丰台区南四环西路 188 号 5 区 20 楼	**邮政编码**	100070
电　　话	010－52227588 转 2098（发行部）		010－52227588 转 321（总编室）
	010－52227566（24 小时读者服务）		010－52227588 转 305（质检部）
网　　址	http://www.cfpress.com.cn	**排　　版**	宝蕾元
经　　销	新华书店	**印　　刷**	宝蕾元仁浩（天津）印刷有限公司
书　　号	ISBN 978－7－5047－7530－6/F·3345		
开　　本	787mm×1092mm　1/16	**版　　次**	2021 年 9 月第 1 版
印　　张	10.25	**印　　次**	2021 年 9 月第 1 次印刷
字　　数	231 千字	**定　　价**	39.00 元

前　言

2020年年初，中国仓储与配送协会调查研究了新冠肺炎疫情对仓储配送企业当下的影响，进而分析预判疫情对全国仓配行业未来发展的影响，并形成了《新冠肺炎疫情对仓配业影响及企业应对策略调查分析报告》。该报告指出：从短期看，疫情对仓配企业的现金流和利润影响较大，部分企业面临较大困难，资金储备充足的企业或许可以扛过这次疫情；从长期看，疫情对仓配行业发展影响不大。尤为重要的是，此次疫情大大加速了社区团购与直供直配模式的发展，让更多的企业意识到了自身的短板与问题，认清了互联网平台发展的必要性和紧迫性，坚定了仓配行业标准化、数字化和智慧化的发展方向。

本书基于“国家级物流系统与技术实验教学示范中心”的物流系统，结合应用型本科人才培养目标，从仓储与配送实务出发，全面阐述仓配系统的运行设计和优化。结合突发公共事件情况下，食品和生活用品的超市直配与生活社区团购、药品电商平台的兴起等实际行业动态，模拟第三方物流通过仓配业务与客户深度合作，完成城市末端仓配的仓库布局分析、设备选型、需求预测、客户关系管理、数据分析、仓储作业管理、分拣配送作业管理和应急物流管理等仓配中心运营实务。

本书分为五章：第一章全面介绍“国家级物流系统与技术实验教学示范中心”仓储分拣设备的类型、特点和应用条件，以及“国家级物流系统与技术实验教学示范中心”软件系统的构成；第二章分别从仓配中心布局、仓配中心设备认知、物流设备的选择等方面，完成对仓配系统的认知和仓库规划与优化；第三章通过到货入库实务，分别从入库策略、仓储储位规划、SKU设定等方面，介绍仓配系统规划管理的相关内容；第四章通过对物流客户的数据分析、综合评价和分级管理实务，分别从物流客户基本识别、物流客户分级及运作、客户档案数据的基本内容，以及客户数据库的建设与分析利用等方面，介绍物流客户关系管理的相关原理及方法；第五章通过拣货配送出库实务，先结合市场需求预测为应急物流制订合理的备货策略，后分别从订单处理、订单指派、拣货策略等方面，介绍仓配系统补货、配送出库等相关知识和基本方法。

全书灵活运用任务驱动的方式，结合突发公共事件，构建城市末端仓配中心系统，设计仿真仓配中心系统相关实务，通过真实的行业数据，引导、帮助学生在完成任务的过程中，通过科学的数据分析方法，优化仓配系统的布局和设备选型；对货物进行物动量分析，实现系统平台与中心硬件的有机结合；结合数据为待出库货物进行储位规划，进一步合理优化仓配作业管理；根据客户档案数据建立物流客户评价指标体系，划分客户级别，制订有针对性的物流客户关系管理策略；对设定的销售周期进行货品市场需求预测，实现新冠肺炎疫情影响下的应急物流备货；结合客户管理和订单需求，确定合理的订单指派和拣货策略，保证订单完成率……探索提升突发公共事件后仓配中心的物流效力，并深化其标准化、数字化和智慧化的发展方向。

本书可供从事仓配中心系统设计和管理运作研究的专业技术人员参考，也可作为高校物流专业本科生、研究生的参考书，对仓储企业、配送企业、物流科研人员、物流管理人员和物流运作人员也具有较高的参考价值和实用价值。

本书在写作过程中借鉴了国内外大量的著作、期刊等，吸收和援用了国内外学者的研究成果。在此特别感谢为本书付出辛勤劳作的同人，感谢北京物资学院物流学院姜旭教授对本书的指导和帮助。

鉴于作者水平有限，不足之处在所难免，恳请读者不吝赐教。

刘　乙

2021 年 9 月

目　录

第一章　仓储与配送

学习目标

知识目标

1. 了解“国家级物流系统与技术实验教学示范中心”硬件设备和软件信息系统；

2. 理解“国家级物流系统与技术实验教学示范中心”仓储与配送的概念、要素和基本流程；

3. 掌握“国家级物流系统与技术实验教学示范中心”仓储分拣设备的类型、特点和应用条件；

4. 掌握“国家级物流系统与技术实验教学示范中心”软件系统构成。

能力目标

1. 能够根据应用条件区分“国家级物流系统与技术实验教学示范中心”硬件设备；

2. 能够根据功能需求识别“国家级物流系统与技术实验教学示范中心”软件系统模块。

任务发布

本教材基于北京物资学院“国家级物流系统与技术实验教学示范中心”（以下简称“示范中心”）物流系统设施展开。

北京物资学院示范中心是2013年教育部批准的唯一一所以物流产业为背景的国家级实验教学示范中心，是目前国内创建最早、规模最大、设施最先进的，以“虚拟技术+实体系统”模式引领我国物流实验教学发展的物流教学示范中心。它构建了以“知识+技能+经历+经验+能力+素质”为核心的六位一体递进式能力培养方式，每年参观人数达110余批次（750余人次）。如图1-1所示。

示范中心目前开设课程数十余门（如仓储与库存管理、物流企业经营与运作、物流工程软件与应用技术、物流管理信息系统、物流装备选型与集成、供应链管理、交通运输规划原理等），满足物流管理、物流工程、采购管理及学校其他相近专业的实验

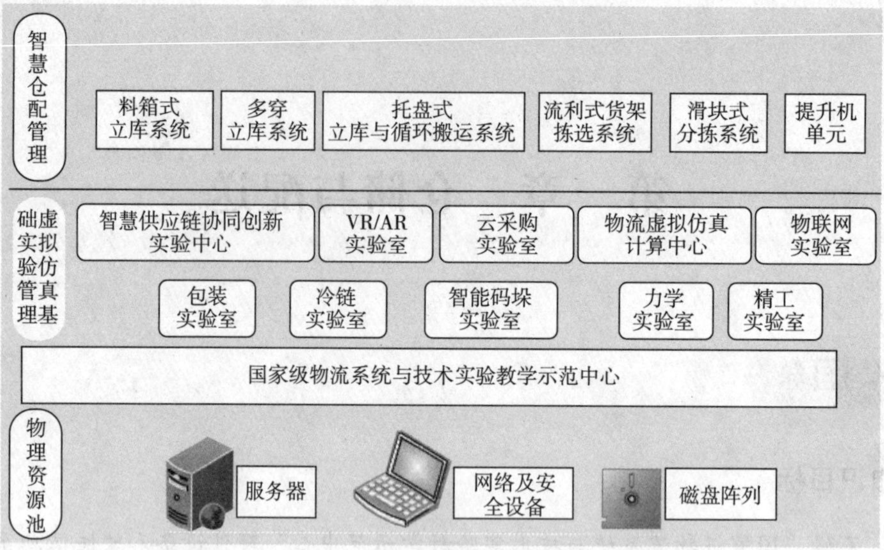

图1-1　国家级物流系统与技术实验教学示范中心

教学任务，为校内外物流专业和物流企业的相关课程培训提供服务。

示范中心主体由主楼和配楼两大部分组成，建筑面积共计3150m²。主楼为三层结构，一层是物流系统实验平台，主要由料箱式立库系统、多穿立库系统、托盘式立库与循环搬运系统、流利式货架拣选系统、滑块式分拣系统、提升机单元六大子系统组成；二层由中控室和各类专业实验室组成；三层主要由智慧供应链协同创新实验中心、VR/AR实验室、云采购实验室、物流虚拟仿真计算中心等组成。配楼是两层结构，主要用作各专业研究室及研讨室。

请对示范中心的仓储分拣设备和软件系统环境进行介绍。

任务实施

任务1　仓储分拣设备

一、主楼一层

1. 多穿立库系统

多穿立库系统由多层穿梭车、立体货架和仓储管理系统等组成，如图1-2所示。该系统能有效提升空间利用率和存取作业效率，系统拓展非常方便，具有低成本、低能耗、高效率、组装结构简单的特点，适用于企业生产、电商物流等多种应用场景。与堆垛机的立体仓库系统相比，多穿立库系统具有明显的优势。堆垛机的立体仓库系统在一个巷道只有一个堆垛机，而多穿立库系统可以根据实际需要在一个巷道安排多个穿梭车同时作业，而且一个穿梭车可以在不同层和不同巷道穿梭运行。多穿立库系统在电商、食品、医药、化工、汽车、机械制造等行业具有广泛应用。

图1－2　多穿立库系统

2. 托盘式立库与循环搬运系统

整个系统由堆垛机、立体货架（见图1－3）、循环搬运系统（见图1－4）、仓储管理系统等组成，能够实现货物盘点、出入库的自动化管理。依托标准托盘实现与装卸车环节的自动对接，适用于大宗货物的整存整取。它不需要为窄巷道叉车或者其他叉车预留较宽的巷道，这意味着托盘式立库可以使令人难以置信的高存储密度成为现实。此系统广泛应用于家电、烟草、邮政、化工、机械电子、仓储物流等自动化生产行业。

图1－3　立体货架

图 1－4　循环搬运系统

3. 料箱式立库系统

料箱式立库系统主要由堆垛机、立体货架、仓储管理系统组成，可以实现无人仓储管理，如图 1－5 所示。料箱式立库系统能够使用容器、料箱或货架储存小部件，做到零存零取，实现对小批量、多种类货物的灵活存取，具有存取效率高、空间利用率高等特点。该立库系统具有操作简单、施工方便、效率高、易管理、灵活性强等系统特性，广泛应用于电力、电池、电商、食品、医药、新能源、化工、机械制造、物流、汽车、家具等行业。

图 1－5　料箱式立库系统

4. 流利式货架拣选系统

流利式货架拣选系统主要由辊式输送机、流利式货架、隔板式货架、重力式货架、仓储管理系统组成，如图 1 – 6 所示。流利式货架拣选系统属于半自动化拣选系统，解决了货物人工拣选低效的问题，适合大量货物的短期存放和拣选。可配电子标签，实现货物的轻松管理。常用滑动容器有周转箱、零件盒及纸箱。其优点在于投入成本很低，技术也很成熟。此系统广泛应用于装配车间、出货频率较高的仓库，以及快递、电子商务、超市等行业的配送中心。

图 1 – 6 流利式货架拣选系统

5. 滑块式分拣系统

滑块式分拣系统主要由输送机、滑块、道岔等组成，如图 1 – 7 所示。它能根据控制系统的指令，通过射频识别码定位货物的出口，实现货物的自动分拣出库或入库。滑块式分拣机是一种水平方向运动、运输速度高的物流输送设备，主要用来完成整件货物的分拣出库，广泛应用于快递、电子商务、医药、食品、服装、超市等行业的大型物流中心。

图 1 – 7 滑块式分拣系统

6. 提升机单元

提升机单元主要应用于大型多层立体仓储的货物存取，将货物在各楼层间进行调配。具有操作简单、控制先进、性能可靠、提升轿厢定位精度高等特点，如图 1－8 所示。此系统广泛应用于家电、食品、烟草、邮政、化工、机械电子、仓储物流等自动化生产行业。

图 1－8　提升机单元

7. AGV 拣选系统

AGV 拣选系统由 AGV 小车（见图 1－9）、可移动货架（见图 1－10）、补货/拣货工作站等硬件设施组成。它是以人工智能算法的软件系统为核心，完成包括上架、拣选、补货、退货、盘点等流程的订单智能履行系统。

图 1－9　AGV 小车

图 1－10　可移动货架

二、主楼二层

主楼二层可供参观的实验室有三个，包括智能码垛实验室、冷链实验室和包装实验室。

1. 智能码垛实验室

智能码垛实验室主要包括机械手等机械设备，如图 1－11 所示。机械手能模仿人手臂的某些动作，是用以按固定程序抓取和搬运货物、码垛或操作工具的自动操作装置，可代替人们从事繁重的劳动以实现生产的机械化和自动化。目前，智能码垛实验室可用于开设物流设备、机械制造工艺学、控制工程等有关课程。

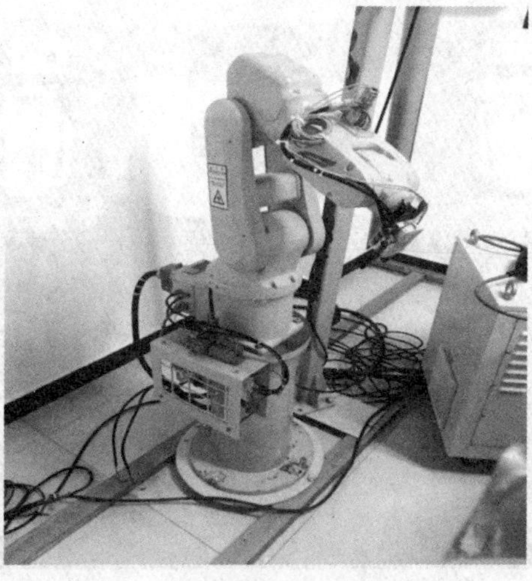

图 1－11　智能码垛机械手

2. 冷链实验室

冷链实验室（见图1－12），主要包括医药冷链的控温控时类产品在生产、贮藏、运输、销售，直到消费前的各个环节中，为保持规定低温环境而用到的保温设备（见图1－13）、冷链管理系统（见图1－14）等。冷链实验室旨在培养学生的创新精神与实践能力，为中国冷链物流产业输送高端人才。目前此实验室可用于开设冷链物流运营实务、冷链运输等课程。

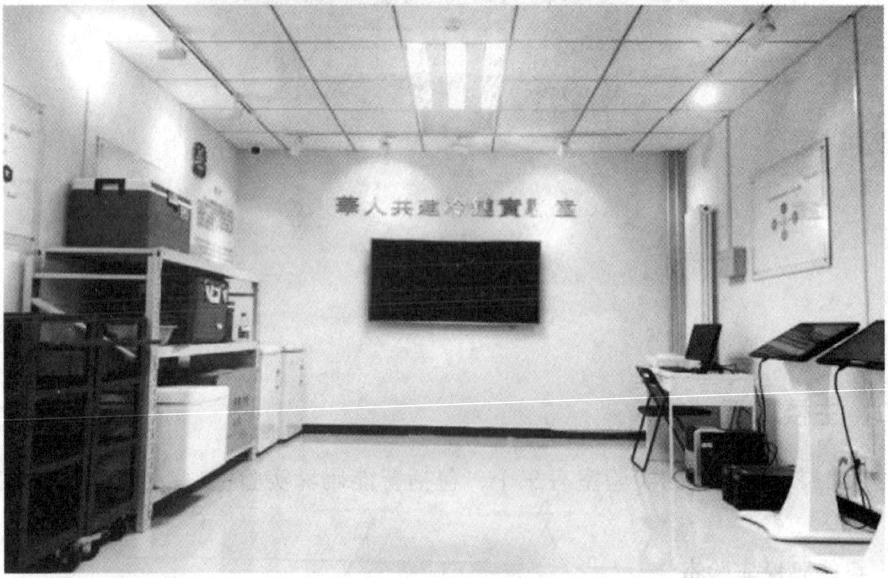

图1－12　冷链实验室

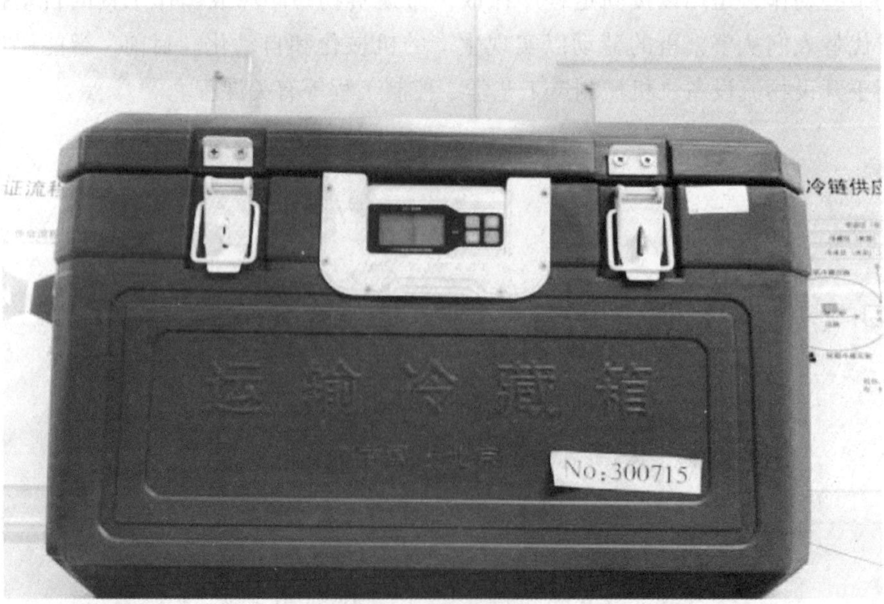

图1－13　冷链实验保温设备

图 1－14　冷链管理系统

3. 包装实验室

包装实验室现有成套实验仪器 10 套（见图 1－15），主要包括称重式填充机、立式自动封口机、收缩包装机、立式自动裹包机等，能够承担物流管理、物流工程、采购管理、质量管理工程等专业的实验教学任务。可用于开设工程质检、现代包装技术等课程。

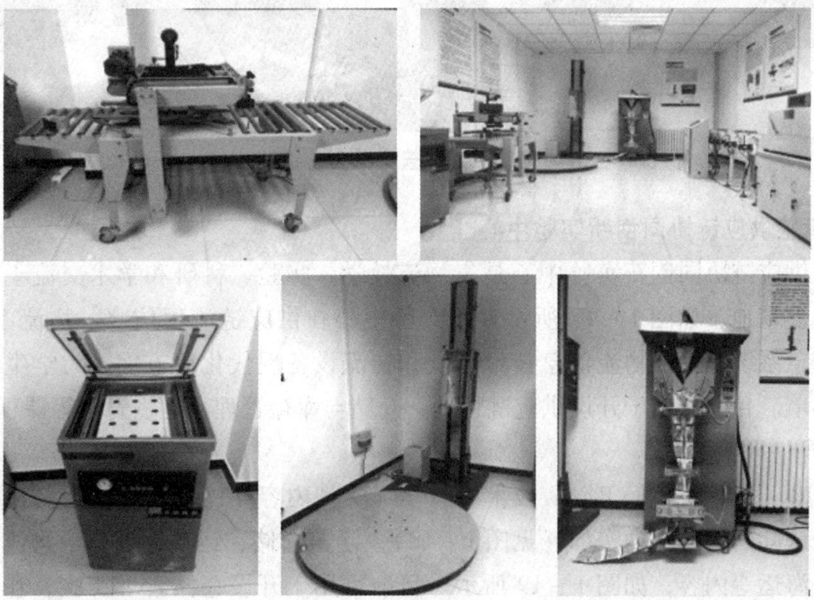

图 1－15　包装实验室设备

三、主楼三层

主楼三层可供参观的实验室包括云采购实验室、智慧供应链协同创新实验中心、VR/AR 实验室和物流虚拟仿真计算中心。

1. 云采购实验室

云采购实验室具备实力雄厚的师资力量、实战经验丰富的专家团队，以及良好的硬件设施，如图 1－16 所示。实验室注重系统建模、优化决策理论与采购实践相结合，发扬"顶天立地"的科研创新精神。通过电子采购模拟平台模拟企业所有采购活动，包括收集信息、询价、比价、议价、评估、索样、决定、请购、订购、协调与沟通、催交、进货验收、整理付款等环节。目前可用于开设采购管理创新创业、ERP（企业资源计划）模拟实训、采购与供应管理等课程。

图 1－16　云采购实验室

2. 智慧供应链协同创新实验中心

智慧供应链协同创新实验中心是集物流教学、实验、科研和学术交流于一体的物流学科建设基地，如图 1－17 所示。此实验中心在供应链流程仿真、物流中心规划、供应链信息系统开发、物流信息技术研发和物流设备现代化等方面，为学生和教师提供实验环境。目前可用于开设供应链管理、仓储与库存管理、运输管理等课程。

3. VR/AR 实验室

VR/AR 实验室利用 VR/AR 技术将教学与实训内容立体互动化，定制化打造一系列全沉浸认知、环幕互动实训（见图 1－18），涵盖仓储、运输、港口、物流安全、仓库布局及海运等内容，如图 1－19 所示。目前可用于开设仓储管理实验、仓储设施设备认识、冷链物流实验等课程。

图 1－17　智慧供应链协同创新实验中心

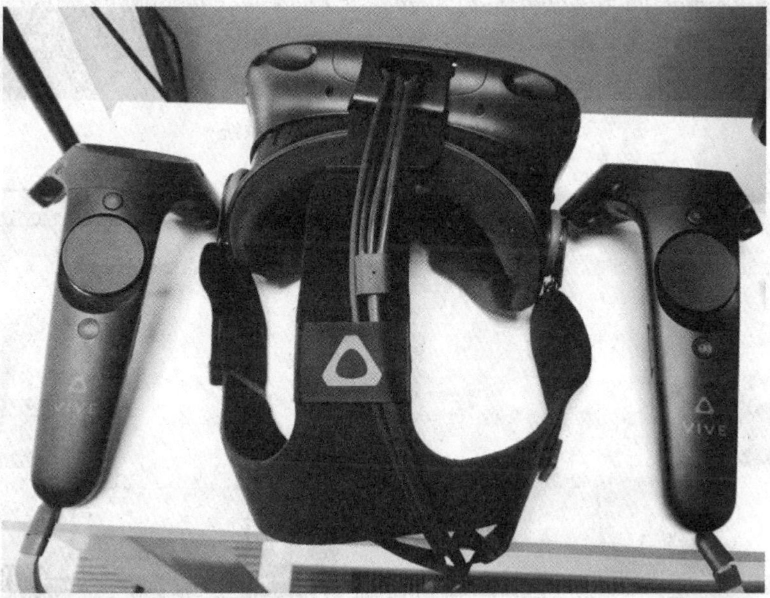

图 1－18　VR/AR 实验设备

4. 物流虚拟仿真计算中心

物流虚拟仿真计算中心是示范中心的重要组成部分，如图 1－20 所示。这里主要承担物流领域数据分析、规划计算、三维仿真、虚拟现实的教学及科研工作，是物流实验教学的创新载体，也是物流科研工作的前沿平台。目前可用于开设大数据工程、物流虚拟仿真、系统集成与仿真等课程。

图 1－19　VR/AR 虚拟仿真系统

图 1－20　物流虚拟仿真计算中心

任务 2 软件系统环境

自动化立体仓库管理系统由网络服务器、管理计算机以及各客户机与网络服务器的接口等组成。网络服务器在 Windows Server 2008 操作系统中，采用 SQL Server 2012 数据库进行数据管理。管理计算机在 Windows 7 32 位操作系统中运行。自动化立体仓库管理系统包括托盘库、料箱库、多层穿梭车、流利条输送线，实现了自动化立体仓库的商品存取操作、自动台账管理、自动出入库作业管理、数据查询、库存数据维护、系统数据维护以及流水线分拣管理等功能。系统功能示意如图 1－21 所示。

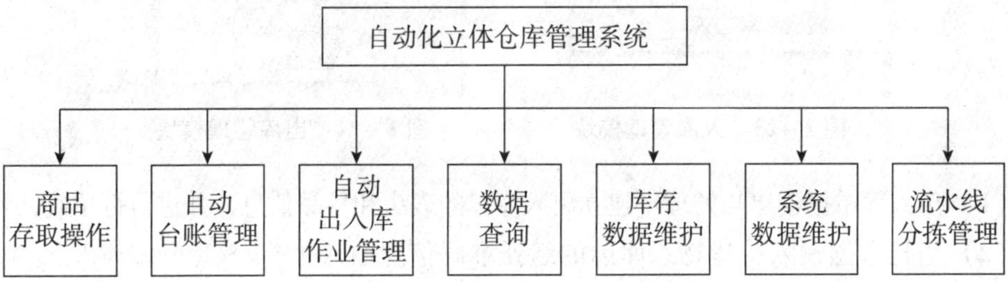

图 1－21 系统功能示意

自动化立体仓库管理系统通过网络连接器与网络服务器物理连接，通过 ODBC（开放数据库互联）和 OLE-DB（对象链接与嵌入）数据接口与网络数据库 SQL Server 2012 完成数据链接。与数据库的链接是自动化立体仓库管理系统正常运行的后台保障。自动化立体仓库管理系统各功能通过主页面各模块进行数据的查询、读写和交互，如图 1－22 所示。

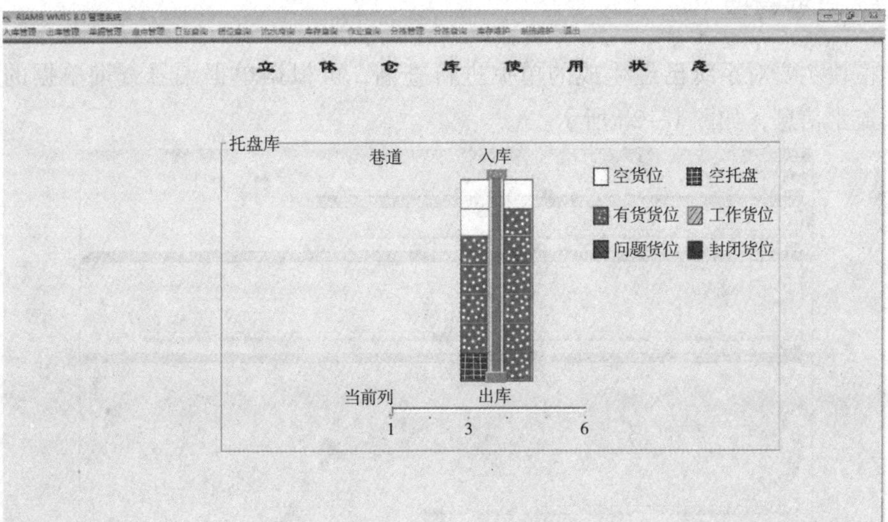

图 1－22 自动化立体仓库管理系统

一、出入库管理

此模块主要完成货物入库上架和出库下架的业务操作、单据处理和后台信息数据的监控与更新，如图 1 - 23 和图 1 - 24 所示。

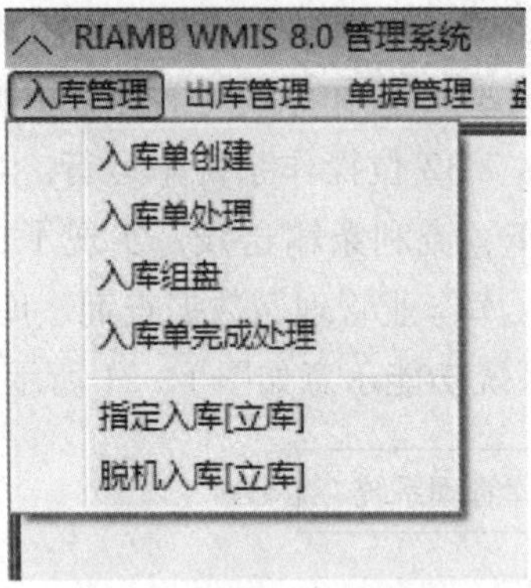

图 1 - 23　入库管理模块

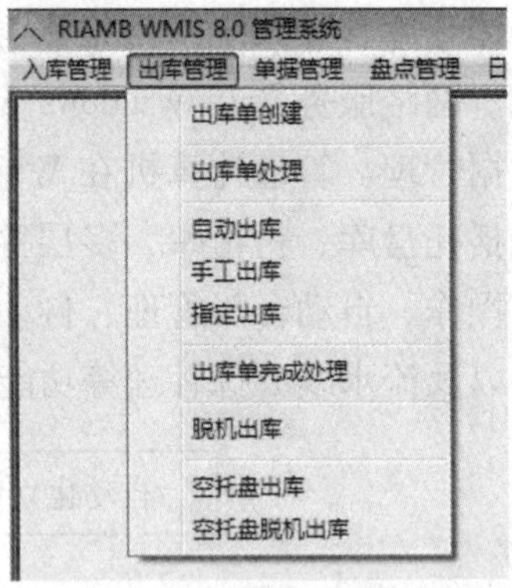

图 1 - 24　出库管理模块

（1）出入库单据创建与处理：建立出入库单的表头和货品信息，并进行订单确认处理。

（2）组托数据输入：货物入库前的组托堆码信息输入。

（3）出入库完成处理：完成出入库任务，更新后台信息，排队进入下一单作业任务。

（4）指定出入库：用于指定储位完成入库作业。

（5）手工出库：不通过系统指令直接出库。

（6）脱机出入库：不通过系统任务生成，而直接进行出入库作业。

（7）空托盘出库：将货架的空托盘出库。

（8）空托盘脱机出库：不通过系统任务生成，而直接进行空托盘出库作业。

二、单据管理

此模块主要对系统已经生成的单据进行查询，可根据单据编号查询单据的表头、表体和流水信息，如图 1 - 25 所示。

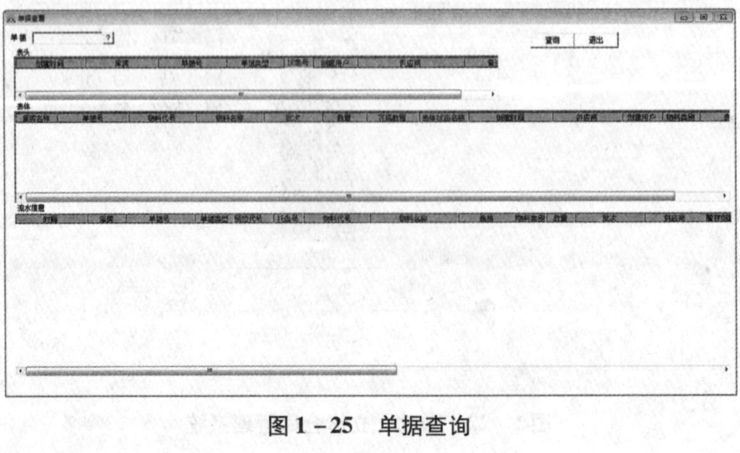

图 1 - 25　单据查询

三、日志查询

此模块主要对系统日志、设备报警日志、设备报警历史日志等日志进行查询。

（1）系统日志查询：主要对日常程序运行进行日志查询，以便追踪日常设备作业的操作，如图 1－26 所示。

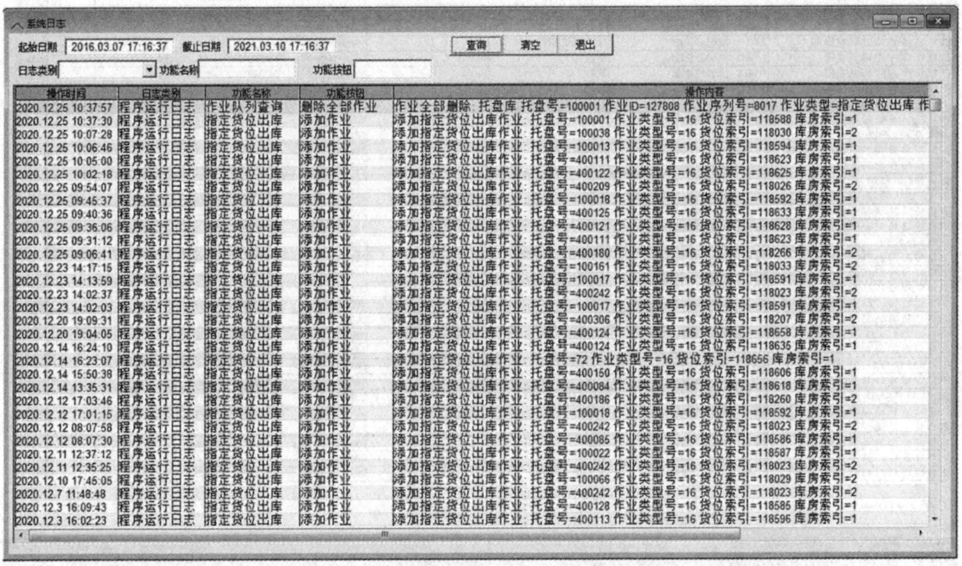

图 1－26　系统日志查询

（2）设备报警日志查询：对设备故障报警的日志进行查询。

（3）设备报警历史日志查询：对设备之前的故障报警日志进行查询，以便追踪分析设备故障原因。

四、库存及货位查询

此模块主要对现有库存量以及存储货位地址、托盘号等进行查询，同时可以查询问题货位、工作货位、托盘货位等。

（1）库存综合查询：对自动化立体仓库管理系统现有库存进行查询，包括入库时间、库房、货位代号、托盘号、物料代号、物料名称、规格号、数量、物料类别、单据号、供应商等，如图 1－27 所示。

（2）可用库存查询：对库存量不为零的货物进行查询。

（3）库存统计列表：对库存状态进行数据统计。

（4）货位状态统计：对货位使用情况进行数据统计。

（5）货位综合查询：对自动化立体仓库管理系统现有货物进行查询，包括货位的地址、状态、使用情况、与托盘的对应关系等，如图 1－28 所示。

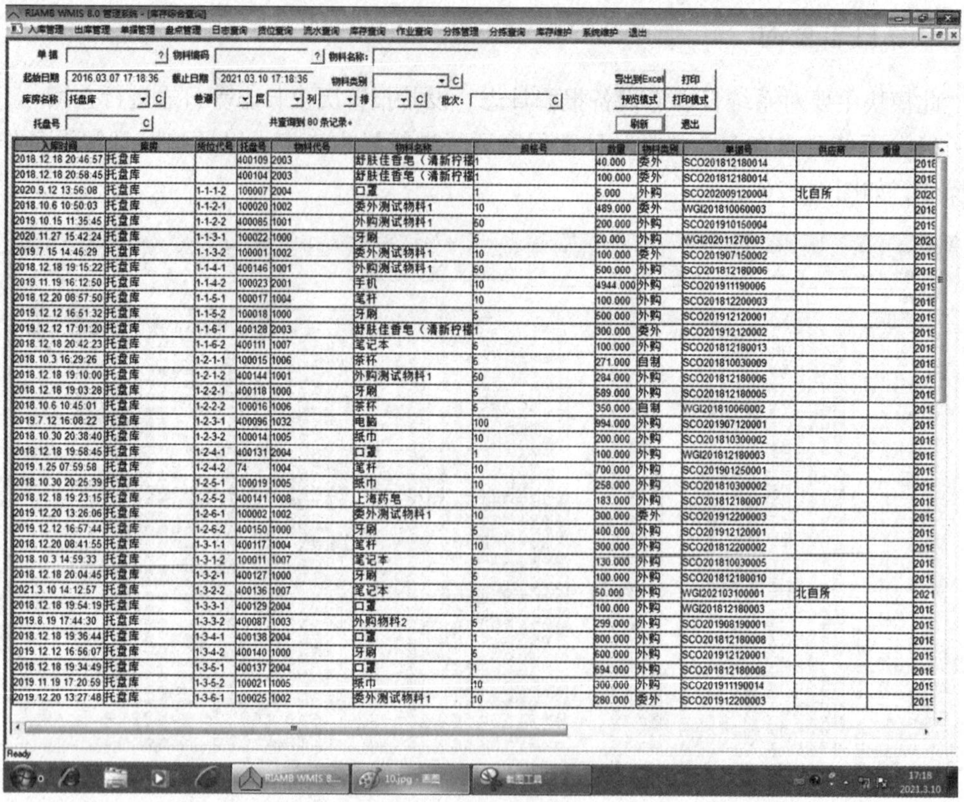

图 1－27　库存综合查询

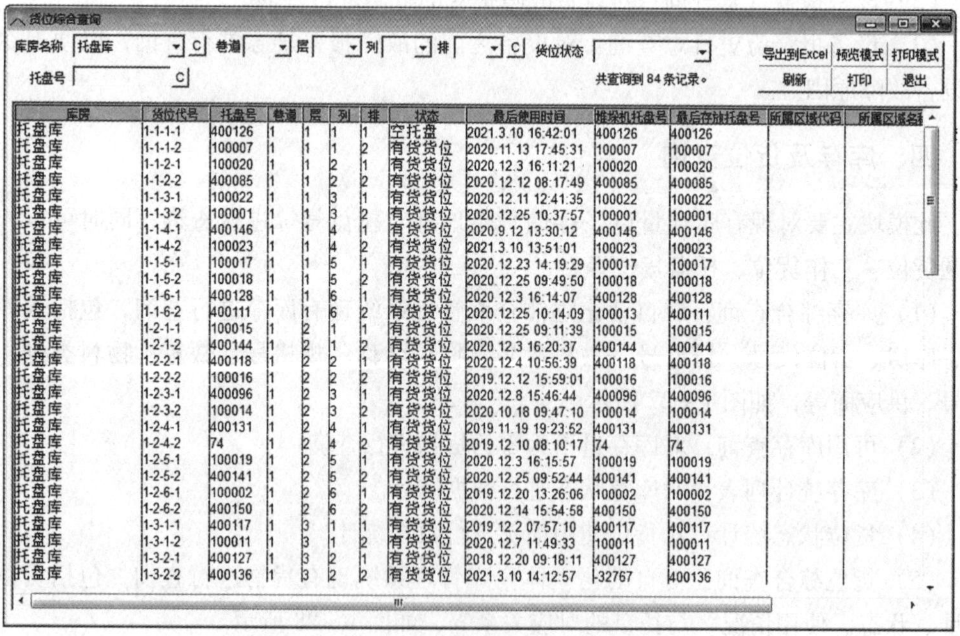

图 1－28　货位综合查询

五、作业及流水查询

此模块可根据货位信息、托盘号、作业类型、作业状态、作业日期等对作业和流水进行查询，从而确定规定时间内的系统操作，并根据相关数据进行决策。作业记录查询如图 1－29 所示。

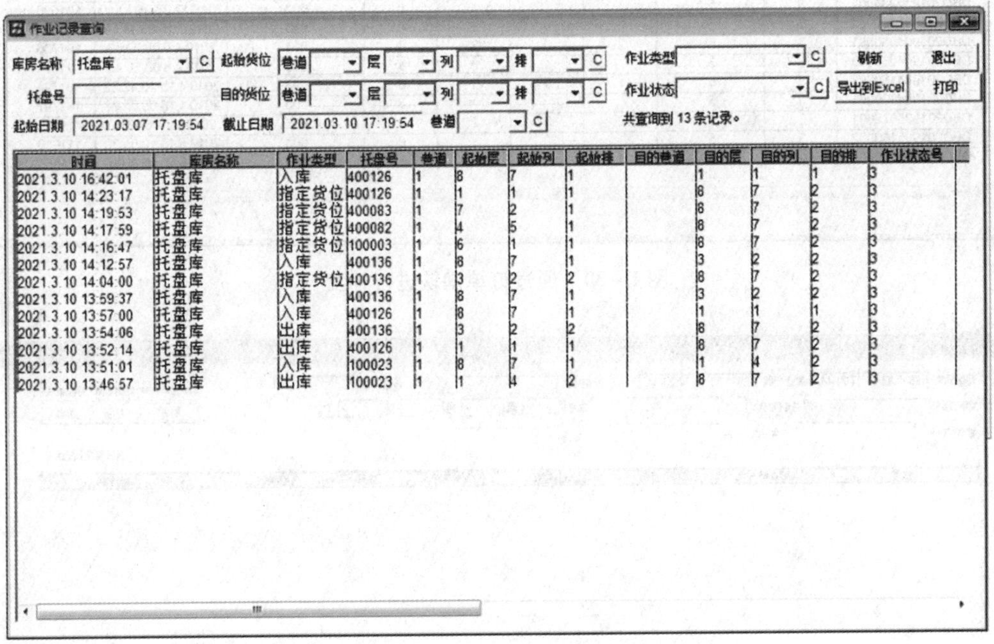

时间	库房名称	作业类型	托盘号	巷道	起始层	起始列	起始排	目的巷道	目的层	目的列	目的排	作业状态号
2021.3.10 16:42:01	托盘库	入库	400126	1	8	7	1		1	1	1	3
2021.3.10 14:23:17	托盘库	指定货位	400126	1	1	1	1		8	7	2	3
2021.3.10 14:19:53	托盘库	指定货位	400083	1	7	2	1		8	7	2	3
2021.3.10 14:17:59	托盘库	指定货位	400082	1	4	5	1		8	7	2	3
2021.3.10 14:16:47	托盘库	指定货位	100003	1	6	1	1		8	7	2	3
2021.3.10 14:12:57	托盘库	入库	400136	1	8	7	1		3	2	2	3
2021.3.10 14:04:00	托盘库	指定货位	400136	1	3	2	2		8	7	2	3
2021.3.10 13:59:37	托盘库	入库	400136	1	8	7	1		3	2	2	3
2021.3.10 13:57:00	托盘库	入库	400126	1	8	7	1		1	1	1	3
2021.3.10 13:54:06	托盘库	出库	400136	1	3	2	2		8	7	2	3
2021.3.10 13:52:14	托盘库	出库	400126	1	1	1	1		8	7	2	3
2021.3.10 13:51:01	托盘库	入库	100023	1	8	7	1		1	4	2	3
2021.3.10 13:46:57	托盘库	出库	100023	1	1	4	2		8	7	2	3

图 1－29　作业记录查询

（1）流水查询：对出入库作业流水情况进行查询。

（2）流水统计列表：可用于对流水的数据统计分析。

（3）作业队列查询：对系统目前待完成的作业队列进行查询。

（4）作业记录查询：对不同类型的系统历史作业进行查询。

（5）入库组托查询：对入库模块中的入库组托数据进行查询。

（6）出库任务查询：对已出库和待出库的作业任务进行查询。

六、补货管理

（1）分拣区库存插入补货：主要用于对流利式货架拣选系统进行插入补货。

（2）通过订单确认进行补货：对插入补货订单进行确认，以完成补货作业，如图 1－30 所示。

七、分拣查询

（1）分拣任务查询：对已完成和待完成的分拣作业任务进行查询，如图 1－31 所示。

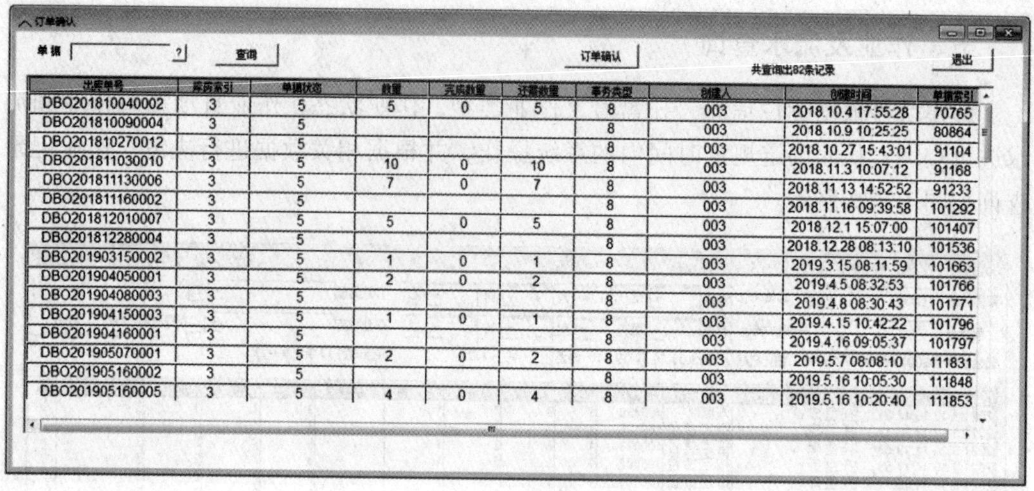

出库单号	库房索引	单据状态	数量	完成数量	还需数量	事务类型	创建人	创建时间	单据索引
DBO201810040002	3	5	5	0	5	8	003	2018.10.4 17:55:28	70765
DBO201810090004	3	5				8	003	2018.10.9 10:25:25	80864
DBO201810270012	3	5				8	003	2018.10.27 15:43:01	91104
DBO201811030010	3	5	10	0	10	8	003	2018.11.3 10:07:12	91168
DBO201811130006	3	5	7	0	7	8	003	2018.11.13 14:52:52	91233
DBO201811160002	3	5				8	003	2018.11.16 09:39:58	101292
DBO201812010007	3	5	5	0	5	8	003	2018.12.1 15:07:00	101407
DBO201812280004	3	5				8	003	2018.12.28 08:13:10	101536
DBO201903150002	3	5	1	0	1	8	003	2019.3.15 08:11:59	101663
DBO201904050001	3	5	2	0	2	8	003	2019.4.5 08:32:53	101766
DBO201904080003	3	5				8	003	2019.4.8 08:30:43	101771
DBO201904150003	3	5	1	0	1	8	003	2019.4.15 10:42:22	101796
DBO201904160001	3	5				8	003	2019.4.16 09:05:37	101797
DBO201905070001	3	5	2	0	2	8	003	2019.5.7 08:08:10	111831
DBO201905160002	3	5				8	003	2019.5.16 10:05:30	111848
DBO201905160005	3	5	4	0	4	8	003	2019.5.16 10:20:40	111853

图 1 – 30　通过订单确认进行补货

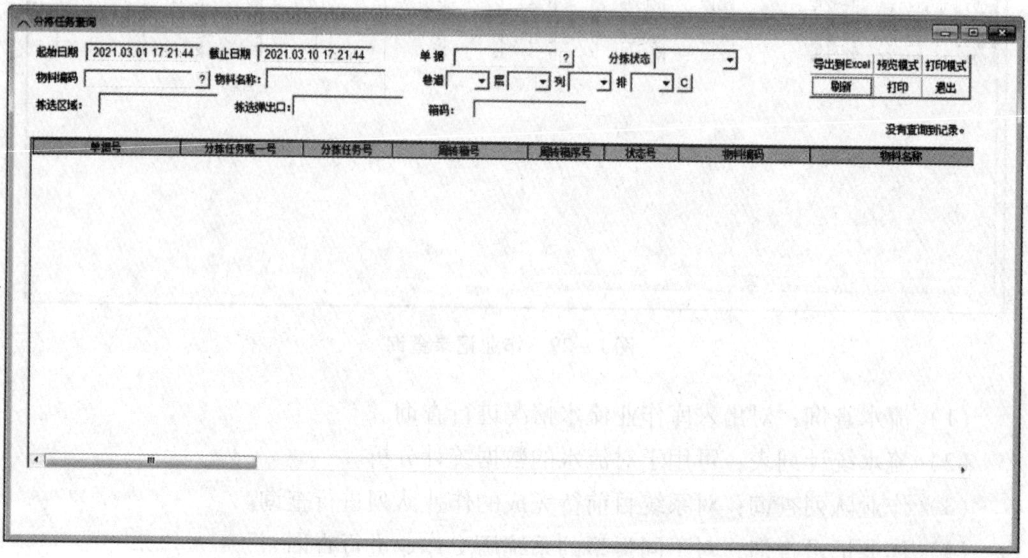

图 1 – 31　分拣任务查询

（2）分拣记录查询：对已完成的分拣任务历史记录进行查询。

八、库存维护

此模块主要完成库存维护工作，对问题货位进行查询，确定问题原因并进行处理。

（1）问题货位查询：系统自动识别问题货位并提供货位地址、状态、使用情况等数据，如图 1 – 32 所示。

（2）问题日志查询：对已经发生的有关库存和货位的问题日志进行查询。

（3）问题货位处理：对于发生问题的货位修改其货位数据，以保证系统的有序性，如图 1 – 33 所示。

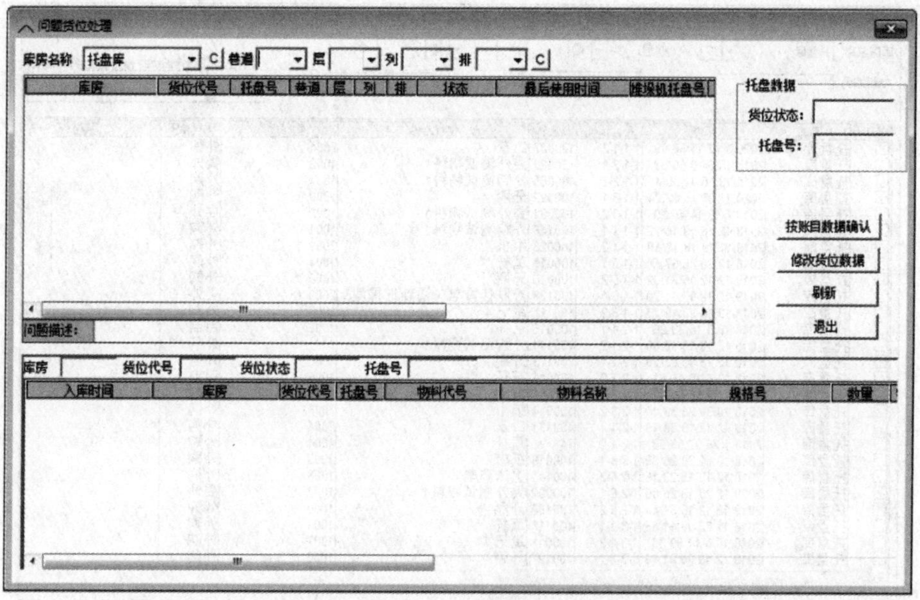

图 1－32　问题货位查询

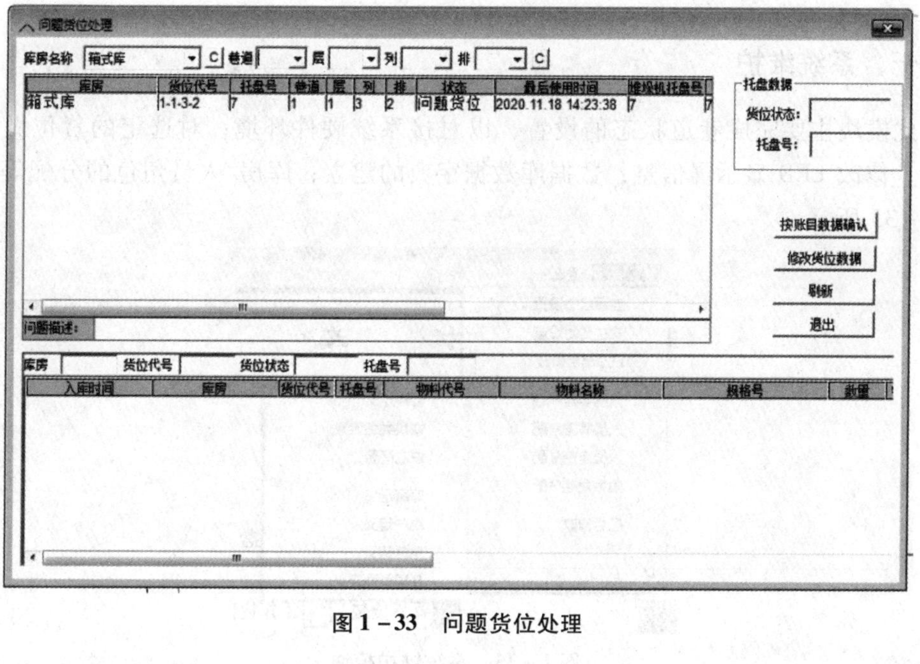

图 1－33　问题货位处理

（4）人工搬运：对人工搬运进行设置和确认。

九、盘点管理

此模块主要完成对盘点作业任务的设置和查询。

（1）手工盘点设置：对待盘点的货物进行设置，下达盘点指令，如图 1－34 所示。

（2）盘点库存查询：提供库存数据为盘点作业任务提供依据。

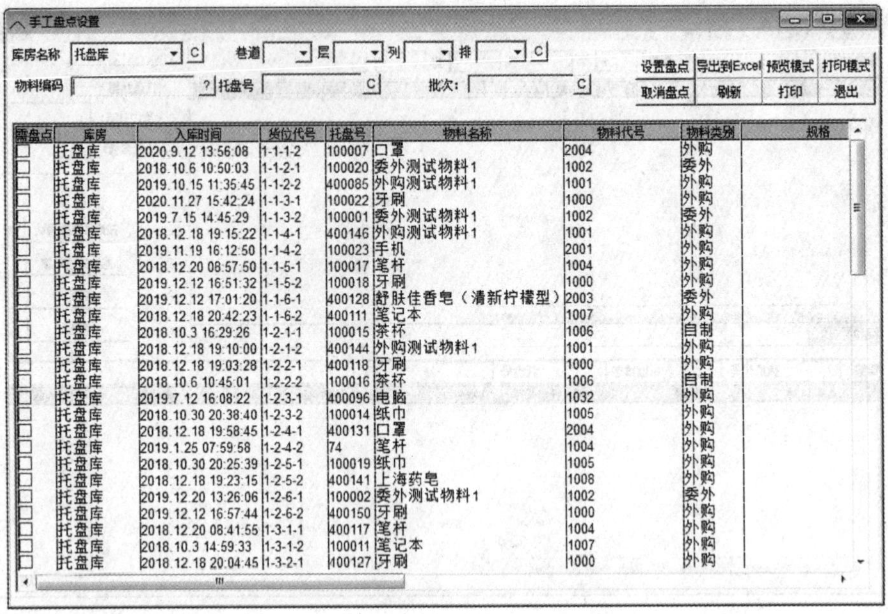

图 1－34　手工盘点设置

十、系统维护

此模块主要完成巷道状态的设置，以对接系统硬件环境；对选定的货位做封闭设置；修改 LED 显示屏信息；数据库数据字典的建立；库房/人员角色的分配等，如图 1－35 所示。

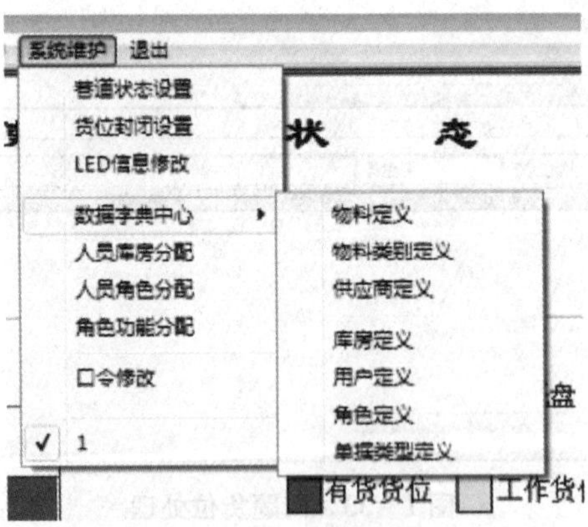

图 1－35　系统维护模块

（1）巷道状态设置：将可用巷道开启或者关闭。

（2）货位封闭设置：将不可使用的货位设置成“封闭储位”状态。

（3）基础数据定义（数据字典中心）：对物料、物料类别、供应商、库房、用户、角色和单据类型进行定义，建立数据字典，为全系统数据处理做定义列表，如图 1－36 所示。

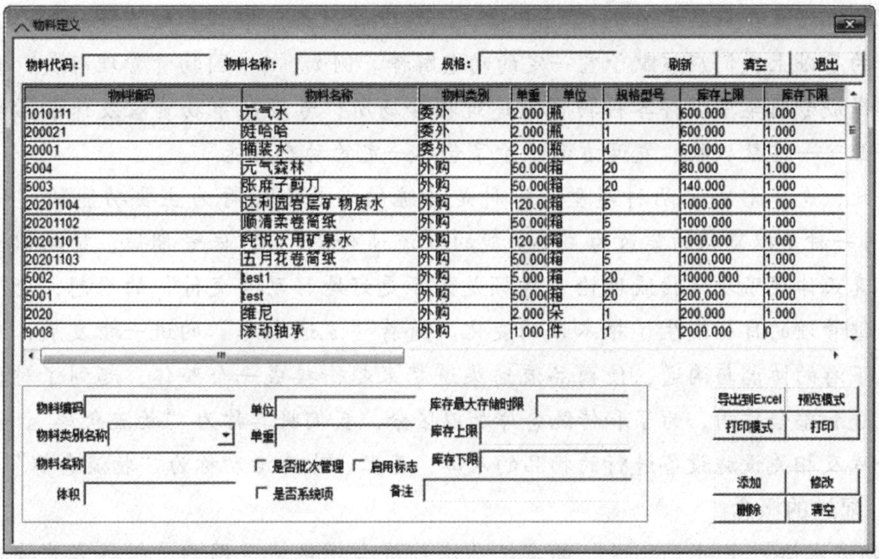

图 1-36　基础数据定义

(4) 用户管理：用于登录账号、自动化立体仓库管理系统对应的设置。

(5) 人员角色分配：对作业任务管理员、操作员、信息员等任务角色进行分配。

(6) 角色权限分配：对不同角色的权限进行分配。

(7) 人员库房分配：对不同角色负责的库房进行分配。

(8) 修改口令：对账号、密码等信息进行修改。

知识链接

一、仓储与配送

(一) 仓储与配送的概念

1. 仓储的概念

《物流术语》(GB/T 18354-2006) 指出，仓储是指利用仓库以及相关设施设备进行物品的入库、存贮、出库的活动。人们在日常活动中往往将需要的物资暂时储存起来，以备将来使用或消费，仓储就是为了解决供应（生产）与需求（消耗）之间不协调的一种措施。

在古代，“仓”和“库”是有严格区别的，装粮食的为“仓”，装其他物品的才称为“库”，后来保管物品的设施和场所被笼统地称为“仓库”。无论何种定义，它们大多只是一个静态的概念，而随着商品经济的不断发展和延伸，现代物流愈加被关注和重视，传统仓库被赋予的功能也越来越多，其地位也越来越重要和独特，譬如它被视作现代物流乃至供应链运作的控制中心、信息中心、集散中心和增值服务中心，在静态概念的基础上我们应该赋予它一定的动态解释。例如，《中国物资管理辞典》开始把仓库解释成专门集中储存各种物资的建筑物和场所；专门从事物资收发保管活动的单位和企业——这就从收、发两方面赋予了仓库一定的动态功能。

由此，仓库形成了两种类型。一种是传统的以长期储存为主要功能的“保管仓库”；另一种是以货物的集散为主要功能的“流通仓库”，它保管期短、货物出入库频率高，真正体现了现代物流理论“停顿是为了更好地移动并交付”的思想，仓库的性质和仓储管理的目标发生了根本性的变化。随着“流通仓库”的进一步发展，它更加注重上下游的协调与沟通，使商品流通渠道越来越衔接成一个整体，起到了对整个物流的促进和整合作用，为了和传统仓库加以区分，我们将其称为“物流仓库”，而利用物流仓库及相关设施设备进行的物品的入库、存贮、出库活动称为“物流仓储”。

2. 配送的概念

《物流术语》中对“配送”的定义为在经济合理区域范围内，根据客户要求，对物品进行拣选、加工、包装、分割、组配等作业，并按时送达指定地点的物流活动。

另一种被广泛认同的定义是根据客户的要求，在物流节点内进行分拣、配货等工作，并将配好的货送交收货人的过程。

配送是从进货、送货等业务活动中发展而来的，如图 1－37 所示。原始的送货是作为一种促销手段而出现的。随着商品经济的发展和客户多品种、小批量需求的变化，原来那种生产什么送什么和有什么送什么的发送业务已不能满足市场的要求，因此“配送”这种发送方式应运而生。

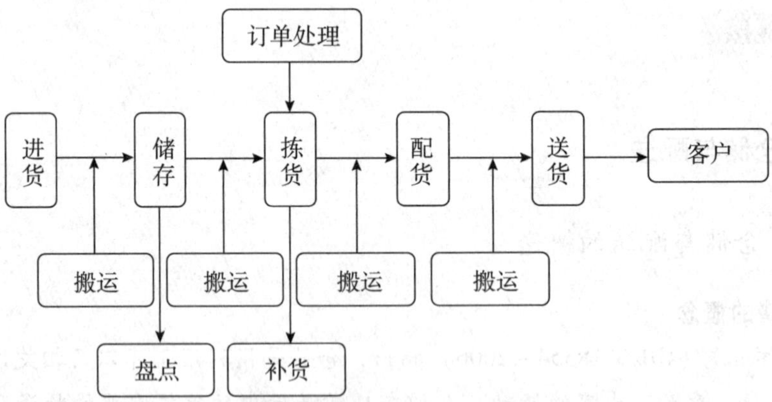

图 1－37　配送与进货、送货

概括而言，以上关于配送的概念反映出如下信息。

(1) 配送是接近客户资源配置的全过程。

(2) 配送的实质是送货，但配送和一般送货又有所区别：一般送货可以是一种偶然的行为，而配送却是一种固定的形态，是一种有确定组织、确定渠道、确定装备和管理能力、技术力量以及制度的体制形式。所以，配送是高水平的送货形式。

（3）配送是一种“中转”形式。配送是从物流节点至客户的一种特殊送货形式。从送货功能看，其特殊性表现为三个方面：①从事送货的是专职流通企业，而不是生产企业；②配送是“中转”型送货，而一般送货，尤其从工厂至客户的送货，往往是直达型送货；③一般送货是生产什么送什么、有什么送什么，配送则是企业需要什么送什么。所以，要做到需要什么送什么，就必须在一定中转环节筹集这种需要，从而使配送以中转形式出现。当然，广义上许多人也将非中转型送货纳入配送范围，将配送外延从中转扩大到非中转，仅以“送”为标志来划分配送外延，也有一定的道理。

（4）配送是“配”和“送”的有机结合。配送与一般送货的重要区别在于，配送利用有效的分拣、配货等理货工作，使要送的货物达到一定的规模，以便利用规模优势取得较低的送货成本。如果不进行分拣、配货，有一件送一件，就会大大增加劳动力的消耗，这时送货并不优于取货。所以，为了追求整个配送的优势，分拣、配货等工作是必不可少的。

（5）配送以客户要求为出发点。在定义中强调“依据客户的订货要求”，明确了客户的主导地位。配送是从客户利益出发，按客户要求进行的一种活动，因此，在观念上必须明确“客户第一”和“质量第一”。配送企业处于服务地位而不是主导地位，因此不能从本企业利益出发，而应从客户利益出发，在满足客户利益的基础上实现本企业的利益最大化。更重要的是，不能利用配送损害客户的利益或控制客户，不能将配送作为部门分割、行业分割的手段。

概念中“根据客户要求”的提法需要基于这样一种考虑：过分强调“根据客户要求”是不妥的，客户要求受客户本身的局限，有时会损害自身乃至双方的利益。对于配送企业来讲，必须以“要求”为依据，但是不能盲目，应追求合理性，进而指导客户，实现双方共赢的商业目的。近些年国外的研究著作也常提到这个问题。

（二）配送与物流的关系

配送是物流系统中由运输派生出的功能，是短距离的运输。它具有如下特点。

（1）配送的距离较短，位于物流系统的最末端，处于支线运输、二次运输和末端运输的位置，即到最终消费者的物流。

（2）在配送过程中也涉及其他的物流功能，如装卸、储存、包装等，配送是多种功能的组合。

（3）配送是物流系统的一个缩影，也可以说它是一个小范围的物流系统。

配送是物流中一种特殊的、综合的活动形式，是商流与物流的紧密结合，既包含了商流活动和物流活动，也包含了物流中的若干功能要素。

从物流来讲，配送几乎包括了所有的物流功能要素，是物流系统的一个缩影。一般的配送集装卸、包装、保管、运输于一身，通过一系列作业将货物送达目的地。特殊的配送则还要以加工活动为支撑，所以包含的方面更广。配送的主体活动与一般物流不同，一般物流是运输及保管，而配送则是运输及分拣、配货。分拣、配货是配送的独特要求，也是配送中有特点的一环。以送货为目的的运输则是最后实现配送的主要手段。从这一主要手段出发，常常将配送简单地看成运输中的一种。

从商流来讲，配送和物流的不同之处在于，物流是商、物分离的产物，而配送则是商、物合一的产物。配送本身就是一种商业形式。在具体实施配送时，虽然也有以商、物分离形式实现的，但从配送的发展趋势看，商流和物流越来越紧密的结合是配送成功的重要保障。

（三）仓储和配送的作用

1. 仓储的作用

在社会生产与日常生活中，由于生产者与消费者在时间、地域上的差异，商品不可避免地需要储存。如何调节供需以及时空之间的矛盾、如何在保存的过程中最好地保留商品的原有属性，如何更好、更快地满足人们对商品的需求，这是仓储应考虑的问题。

（1）仓储是物流过程中的重要环节。物流的主要作用就在于解决时空的矛盾，但运输能力的调节毕竟是有限的，这时具有储备功能的仓储，其作用就发挥出来了。仓储可以用来调节运输，从而更好地加快物流速度。

（2）仓储可以保证社会再生产的有效进行。货物的储存不仅可以为货物流通提供保障，还可以保证社会再生产的顺利进行。商品在生产过程中需要各种原材料、零部件，一旦其中一种出现短缺，就会影响整个生产过程的持续。企业常说的“零库存”也并不真正代表没有库存，零库存的保持往往只是完成了库存的转移。因此，适当的仓储是必不可少的。

（3）仓储可以优化商品流通，节约流通费用。仓储过程是物流过程中的一个节点。有人认为商品应该一直处在运动状态，任何时刻的静止都是对商品价值的一种浪费。其实有时候短暂的停歇可以带来更好的运输效果。在商品层层向下的运输过程中，商品到达的地点越来越细化，这便需要对商品进行再分配，将发往同一或相邻地点的商品组合在一起，这样不仅有利于商品的流通，也可以节省流通费用。

（4）仓储可以保证商品在流通中的质量。在仓储过程中，入库之前要完成对商品质量的检验，出库时也会对商品再次进行检验。因此，这一环节实际上可以最大限度地防止不合格商品进入市场，保证商品的质量。

（5）仓储是延迟生产的场所。随着消费者个性化需求的不断增加，为优化生产与流通环节、简化生产过程中的品种。我们可以在仓储环节进行最后的染色等工序，以快速响应客户对商品的特殊要求，并减少生产与存货的数量。

2. 配送的作用

配送的作用主要体现在以下几个方面。

（1）完善和优化物流系统。

第二次世界大战之后，大吨位、高效率运输力量的出现使干线运输无论在铁路运输、海洋运输还是公路运输方面都达到了较高水平，长距离、大批量的运输实现了低成本化。但是，在干线运输之后，往往都要辅以支线运输和少量搬运，这是物流过程中的一个薄弱环节。与干线运输相比，这个环节有许多不同，如要求灵活性、适应性、服务性，致使运力利用不合理、成本过高等问题难以解决。而采用配送的方式，能将支线运输及少量搬运统一起来，加上上述的各种特点，使输送过程得以完善和优化。

(2) 提高末端物流的效益。

采用配送的方式，可以通过增大经济批量实现经济地进货，又将各种商品集中在一起一次性发货，代替分别向不同客户小批量发货，使末端物流经济效益得以提高。

(3) 通过集中库存使企业实现低库存或零库存。

实现了高水平的配送之后，尤其是采取准时配送方式之后，生产企业可以依靠配送中心的准时配送，而不再需要保持自己的库存，或者只需要保持少量保险储备，而不必留有经常储备。由此可以实现生产企业多年追求的“零库存”，将企业从库存的包袱中解脱出来，同时解放出大量储备资金，从而改善企业的财务状况。实行集中库存时的库存总量远低于不实行集中库存时各企业分散库存的总量，这增强了物流业务的调节能力，提高了社会经济效益。此外，采用集中库存可发挥规模经济的优势，降低单位存货成本。

(4) 简化事务，方便客户。

采用配送的方式，客户只需要与一个进货单位联系就可订购多种货物，也只需要对一个配送单位接货，从而代替现有的高频率接货，大大减轻了客户的工作负担，节省了事务性开支。

(5) 提高供应保证程度。

生产企业自己保持库存、维持生产时，因受到库存成本的制约，供应保证难度较大。而采取配送的方式，配送中心普遍比单位企业的储备量大，因而对每个企业而言，中断供应、影响生产的风险降低，免去客户货物短缺之忧。

二、分拣的基本流程

(一) 客户关系管理

物流客户是物流企业的服务对象，且一般是物流产品或服务的最终接受者，体现为供应链上的客户关系。物流客户服务是指物流企业为促进其产品或服务的销售，而发生在客户与物流企业之间的相互活动。它是以货主的委托为基础，进行独立的物流业务活动，或者说是按照货主的要求，为消除客户货物在空间和时间上的间隔而进行的劳动。

物流行业是典型的服务行业，物流配送作为物流的关键环节，其客户满意程度决定了物流企业的生存能力。为与客户建立良好的长期关系，赢得客户的信任，就需要物流企业积极维护客户资源，提高客户满意度。

（二）储位分配

1. 储位规划

储存策略的选定是储存区规划的一项重要工作，因此必须配合货位分配原则才能决定储存作业实际运作的模式。

2. 储位编码

在货物出入库作业过程中，按照货位编号可以迅速、方便地进行货物查找，确定某种货物具体的存放位置，不仅能提高作业效率，而且有利于减少差错。

储位编码的要求：标志设置要适宜；标志制作要规范；编码顺序要一致；货位间隔要恰当。

（三）订单处理

1. 订单处理的含义

从接到客户订单开始到着手准备拣货之间的作业阶段，称为订单处理。通常包括订单资料确认、存货查询、单据处理等内容。

2. 订单处理的基本内容及步骤

订单处理从仓储部门接收订单开始，到设立订单号、建立客户档案、输出订单资料为止，其基本内容包括有关货物情况的确认、客户信用的评定和订单有效性分析，如图 1 –38 所示。

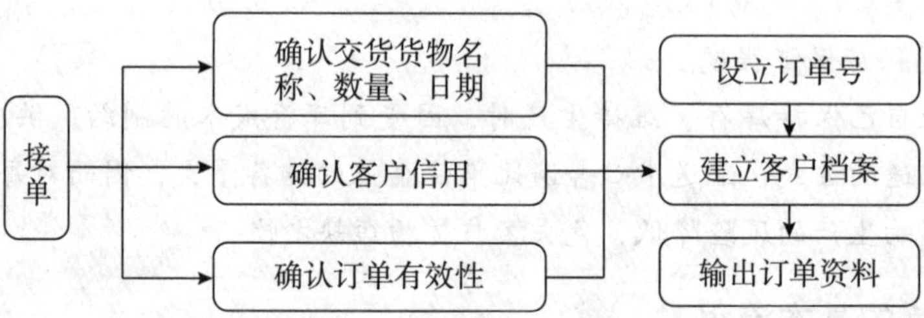

图 1 –38　订单处理的内容和步骤

（四）拣货作业

拣货作业是配送作业的中心环节。拣货是指依据客户的订货要求或配送中心的作业计划，尽可能迅速、准确地将商品从其储位或其他区域拣取出来的作业过程。拣货作业在配送环境中不仅工作量大、流程复杂，而且要求作业时间短、准确度高、服务质量好。因此，加强对拣货作业的管理非常重要。在拣货作业中，根据配送的业务范围和服务特点，即根据顾客订单所反映的商品特性、数量多少、服务要求、送货区域等信息，采取科学的拣货方式，进行高效的作业，是配送作业中关键的一环。

拣货作业流程包括制作拣货单据、安排拣货路径、分派拣货人员、实施拣货。

拣货作业消耗的时间主要包括：出库单经过信息处理，形成拣货指示的时间；行走或搬运货物的时间；准确找到货物的储位并确认所拣货物及数量的时间；拣取完毕，将货物分类集中的时间。

这些时间直接体现在分拣成本中，可以通过用时数量乘以单位工时成本来计量。

1. 形成拣货资料

拣货作业是在拣货信息的指导下完成的。拣货信息来源于顾客的订单或配送中心的出库单，因此，有些配送中心直接使用顾客的订单或配送中心的出库单作为拣货指令，即拣货人员直接凭订单或出库单拣取货物。这种信息传递方式因无法准确标示所拣货物的储位，而延长了拣货人员定位货物的时间，并增加了拣货行走的路程。所以，将出库单等原始拣货信息处理后，转换成拣选单，拣货人员或智慧分拣设备再根据拣选单进行拣货作业，可以大幅提高作业效率和作业准确性，保证订单完成率。

2. 行走和搬运

拣货时，拣货人员或智慧分拣设备需要直接接触并拿取货物，因此拣货过程中要行走和搬运，缩短行走和货物搬运距离是提高配送中心作业效率的关键。拣货类型如表 1 –1 所示。

表 1 –1　　拣货类型

类型	方法	特点
“人到货”	拣货人员步行或智慧分拣设备到达货物存储位置	货物不动，拣货人员或者智慧分拣设备移动
“货到人”	拣货人员在固定位置作业，不必去找货物的存储位置，货物移动至拣货人员	货物移动，如轻型负载自动化立体仓库、自动旋转仓库等，拣货人员或智慧分拣设备不动

3. 拣货路径的规划

拣货路径管理是“人到货”拣选方式管理中的重要内容，其管理内容包括确定拣选的顺序和拣选行走的路线，目的是在尽可能短的时间内完成拣选工作。

1）影响拣货路径的因素

拣货路径的设计与拣货区域布局、拣货方式及策略、订单批量及货物种类、拣货设备等因素相关。

（1）拣货区域布局。在拣货区域中，货架的排列格局，货架的长度、宽度、深度，巷道的数量、宽度等都是影响拣货路径的重要因素。

（2）拣货方式及策略。拣货方式及策略的应用就是确定拣货单上货物的拣选顺序，再由拣货员从其储位上取出。这决定了拣货人员的行走路线。

（3）订单批量及货物种类。订单批量及货物种类决定了拣货过程中货物的拣选顺序、拣货方式、拣货策略等的应用，也决定了拣货人员在拣货区域的行走路线。

（4）拣货设备。拣货区域中的设备配置是设计拣货路径时应考虑的因素之一，不同的拣货设备具有不同的应用条件，因此每票货物、每种货物在设计拣货路径时都应该考虑拣货设备因素。

2）拣货路径的设计

为了提高仓库的效率，需要精心设计拣货路径。无论采用何种拣货路径，均要考虑如何准确、快速、低成本地将货物拣出，还要考虑操作方便、缩短行走路径的问题。

一般而言，可以根据以下几种常见的方法来设计拣货路径。

（1）如果订单批量大、种类多，可将订单分成多张拣货单，这些拣货单采用并联拣选的方法同时进行拣货，如图 1－39 所示。

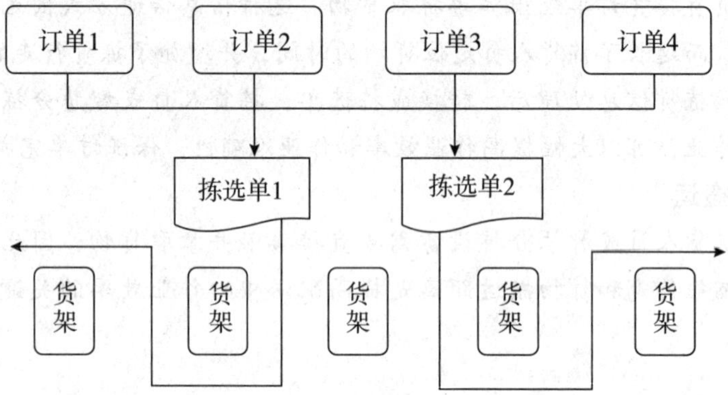

图 1－39　并联拣选

（2）如果订单批量不大，但货物种类多，可采用串联拣选的方法进行拣货，如工作分区中的接力式拣选就属于串联拣选，如图 1－40 所示。

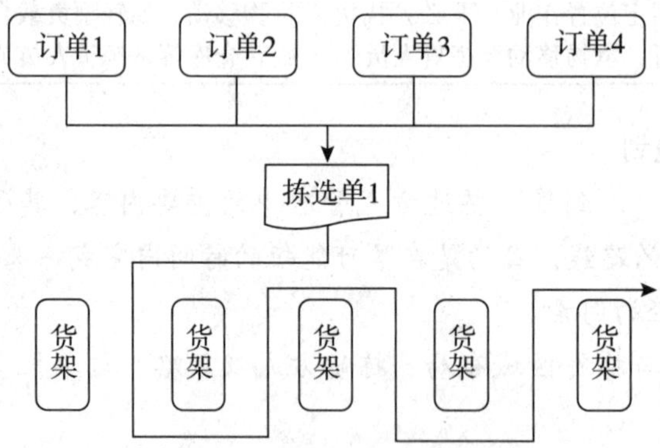

图 1－40　接力式拣选

4. 拣取

当货物出现在拣货人员面前时，其一般采取的两个动作为拣取和确认。拣取是抓取货物的动作，确认则是确定拣取货物的品种和数量与拣货单的信息是否相同。在实际的作业中，配送中心多采用读取品名与拣货单做对比的确认方式，较先进的做法是利用无线数传终端机读取条码后，再由计算机进行确认。小体积、小批量、搬运重量在人力范围内且出货率不高的货物通常采取手工拣取方式；体积大、重量大的货物，通常利用升降机、叉车等搬运机械辅助作业；出货频率很高的货物则采用自动分拣系统进行拣货。本课程智慧分拣系统模拟了智能分拣机器人“小黄人”分拣系统。当前，国内电子商务等行业突飞猛进，快递行业的发展也呈现水涨船高的态势，智能机器人的出现极大地解放了人力劳动，工作效率也较此前有了大幅提升。

第二章　仓配中心设施规划实务

学习目标

知识目标

1. 理解仓配中心布局的概念、要素及各区域功能特点；
2. 理解仓配中心设施设备选型的概念、原则；
3. 掌握仓配中心设施设备选型的基本方法；
4. 掌握仓配中心设施设备选型的基本步骤。

能力目标

1. 能够根据各区域功能和设备特点对仓配中心布局进行识别；
2. 能够根据商品特性、存储要求、库存及周转分析结果，合理选择仓储分拣设备；
3. 能够灵活应用滑块式分拣系统及 RFID（射频识别）系统。

任务发布

北物仓配中心（以下简称“仓配中心”）成立于 2013 年，是一家对接干线货运，主营仓储、配送、信息集成等业务的专业物流组织，其组织结构如图 2－1 所示。仓配中心设立在北京市通州区，主要客户有大型连锁综合超市“MM 超市”和医药连锁零售“DD 大药房”。营业范围主要涵盖物流客户干线运输货物集货与仓管、北京市区大中小型门店分拨与配送等最佳解决方案的提供和物流服务。

2020 年全球暴发新冠肺炎疫情，在突发公共事件下，国家的安定稳固与国民的物资需求对物流行业提出了全新的要求。MM 超市在保持各门店正常运营的情况下深入细分市场，设立社区配送点，为社区团购提供无接触配送服务；DD 大药房各门店正常营业，同时开展第三方应用平台业务，为核心区域提供 7×24h 送药到家服务。仓配中心与其客户开展战略性合作，共同整合行业资源，开展并重构新的物流仓配业务，加强信息集成化，提供高效、安全、快捷的物流服务。在此战略目标下，仓配中心与客户就业务范围、义务与责任、报酬结算等签订合同。

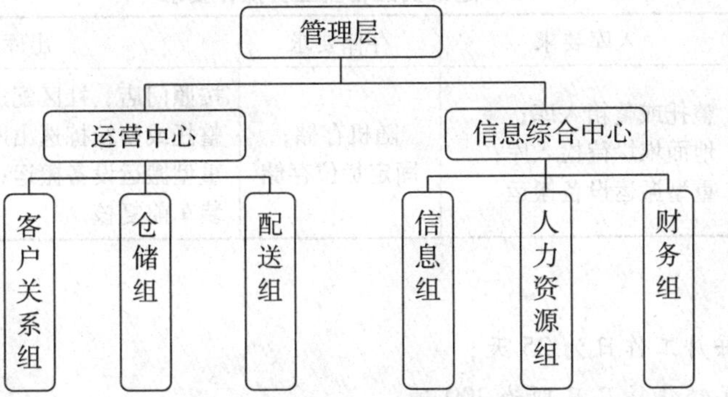

图2-1 北物仓配中心组织结构

仓配中心与其客户开展战略性合作，共享未来一年门店销售需求的预测数据，共同制订未来一年的仓配需求计划，并对各类货物的物流业务操作提出要求。

客户MM超市：

(1) 假设每月工作日为25天；

(2) 预计年销售货品品项为16项，其中食品类6项、生活用品类10项；

(3) 预计年销售货品数量为600300箱，其中食品类447900箱，每箱最大重量12kg，尺寸为0.25m×0.17m×0.35m；生活用品类152400箱，每箱最大重量8.6kg，尺寸为0.2m×0.18m×0.07m；

(4) 仓配中心根据上一年的数据资料，分别为各类货品库存周转天数进行了估算，如表2-1所示。

表2-1 MM超市货品库存周转情况（节选）

货品品项	年销售量（箱）	重量（kg/箱）	库存周转天数（天）
食品1	84900	11.9	5.2
食品2	68100	10.8	4.5
食品3	68400	11.2	3.9
……			
生活用品1	17400	7.8	3.5
生活用品2	13800	5.5	4.2
生活用品3	15000	5.2	4.4
……			

MM超市货品物流业务操作要求如表2-2所示。

表 2-2　　MM 超市货品物流业务操作要求

货品类型	入库要求	存储要求	出库要求
食品类； 生活用品类	整托或整箱入库； 地面堆垛待检入库； 重型搬运设备搬运	随机存储； 固定货位存储	按照门店、社区配送点订单进行拣选； 整托或整箱拣选出库； 重型搬运设备搬运； 装车前复核

DD 大药房：

(1) 假设每月工作日为 25 天；

(2) 预计年销售货品品项为 200 项；

(3) 预计年销售货品数量为 506400 箱，每箱最大重量 3kg，尺寸为 0.25m × 0.17m × 0.35m；

(4) 仓配中心根据上一年的数据资料，分别为各类货品库存周转天数进行了估算，如表 2-3 所示。

表 2-3　　DD 大药房货品库存周转情况（节选）

货品品项	年销售量（箱）	重量（kg/箱）	库存周转天数（天）
药品 1	2400	2.8	1.6
药品 2	3000	2.3	1.6
药品 3	3600	2.6	2.5
……			

DD 大药房货品物流业务操作要求如表 2-4 所示。

表 2-4　　DD 大药房货品物流业务操作要求

货品类型	入库要求	存储要求	出库要求
药品类	整托或整箱入库； 地面堆垛待检入库； 重型搬运设备搬运	随机存储； 固定货位存储	按照门店、第三方应用平台订单进行拣选； 整箱、小件拣选出库； 轻型搬运设备搬运； 装车前复核

请根据客户提供的基本物流需求，对仓配中心物流系统进行规划与设计。

任务实施

任务 1　仓配中心布局及设备认知

仓配中心一层物流系统布局如图 2-2 所示，其北侧、西侧和南侧的进出口都设有出入库月台，可接驳大型货运运输工具。

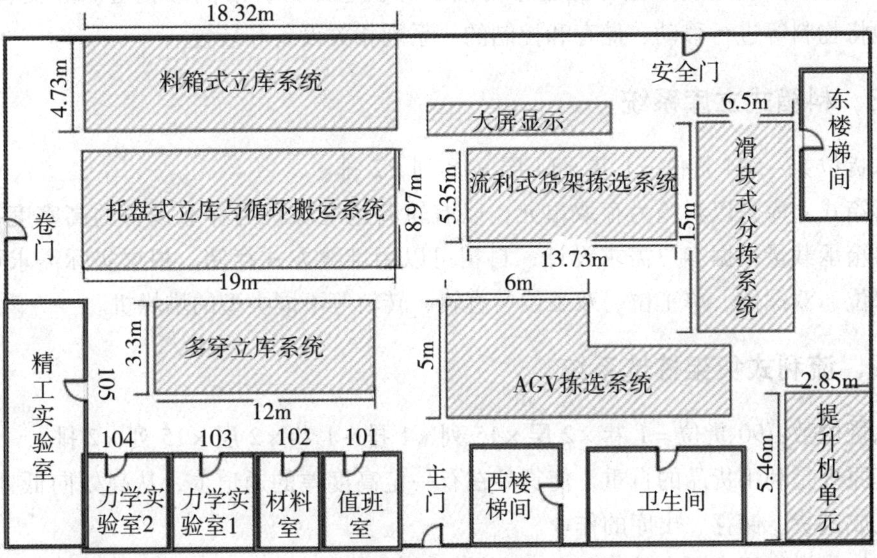

图 2-2　仓配中心一层物流系统布局

一、多穿立库系统

总货位数：32 货位 =1 巷 ×4 层 ×4 列 ×2 排。

多穿立库系统中的穿梭车系统是在密集式货架中运行并搬运单元货物的设备，主要由机体、电池、控制单元组成。由于自带电源，穿梭车可以在货架中无线运行，需要搬运货物时则运行到货物单元下方向上顶起货物然后进行运送。穿梭车在密集式货架的一条通道上运行，适用于货物单元品种少、数量大的情形，通常一台穿梭车负责一个货架通道，与堆垛机、子母车配合可以一台车负责多个通道，同时可以与叉车、子母车、堆垛机、货架、自动化管理软件等搭配适用于不同情形。

二、托盘式立库与循环搬运系统

总货位数：84 货位 =1 巷 ×7 层 ×6 列 ×2 排。

托盘式立库是一种可以将托盘自动放入或者取出的自动存取系统，可以将货物存储到 20m 的高度，每个存储位置可存储若干个托盘。托盘式立库具有以下特点：托盘货架结构简单，可调整组合，安装简易，节省经济成本；出入库不受先后顺序的限制，可做到先进先出；储物形态为托盘装载货物，实现了机械化存取作业；仓容利用率高。

堆垛机是立体仓库成套设备中的主机，与高层货架、出入库月台等设备配套使用，是一种在导轨上运动的起重机械。它能在三维空间上（行走、升降、向两侧伸缩货叉）按照一定的顺序组合反复运动；能够按指定的地址自动或手动将巷道口入库月台上的货品存入货架的货格内，完成入库作业；也可自动或手动从指定货格中取出货品运至巷道口出库月台上，完成出库作业。

循环搬运系统是利用循环搬运车对接堆垛机巷道口，沿曲形轨道循环交替作业，合理地将物料等进行移动、储存和控制的一系列相关设备和装置。

三、料箱式立库系统

总货位数：504 货位 =1 巷 ×14 层 ×18 列 ×2 排。

料箱式立库是以料箱为存取单元，以有轨巷道堆垛机为存取设备的高密度存储系统。料箱承载量根据客户需求设计，料箱可以用堆叠方式存储。根据实际需求可以选配单深位、双深位、单工位、双工位、直轨、转轨等不同类型的堆垛机。

四、流利式货架拣选系统

总货位数：90 货位 =1 巷 ×2 层 ×15 列 ×1 排 +1 巷 ×2 层 ×15 列 ×2 排。

其原理是利用货品的自重，使货品在有一定高度差的通道上，从高处向低处运动，从而完成进货、储存、出库的作业。

在拣货操作区中所有的货架上，为每一种货品安装一个电子标签，根据订单数据，发出出货指示，然后货架上的电子标签灯亮起，操作员根据电子标签显示的数量，按照“看、拣、按”的动作顺序，及时、准确、轻松地完成货品拣货作业。

五、滑块式分拣系统

滑块式分拣系统主要用来完成整件货物的分拣出库。通过 RFID 系统，定位货物的出口巷道，实现货物的自动分拣出库或入库。

六、提升机单元

提升机单元主要用于大型多层立体仓储的货物存取，借助提升机单元可以将货物在各楼层间进行调配。操作简单，功能实用。

七、AGV 拣选系统

AGV 小车即自动导向搬运车，是智能搬运（装配）型机器人，一般采用轮式驱动，具有电动车的特征。

AGV 小车能在计算机控制系统的统一调度下，按路径规划和作业要求，精确地行走并停靠指定地点，自动搬运货物，实现自动化的物料传送。因其具有灵活性、智能化等特点，能够方便地重组系统，带动移动货架实现“货到人”的分拣目的。AGV 拣选系统布局如图 2 - 3 所示。

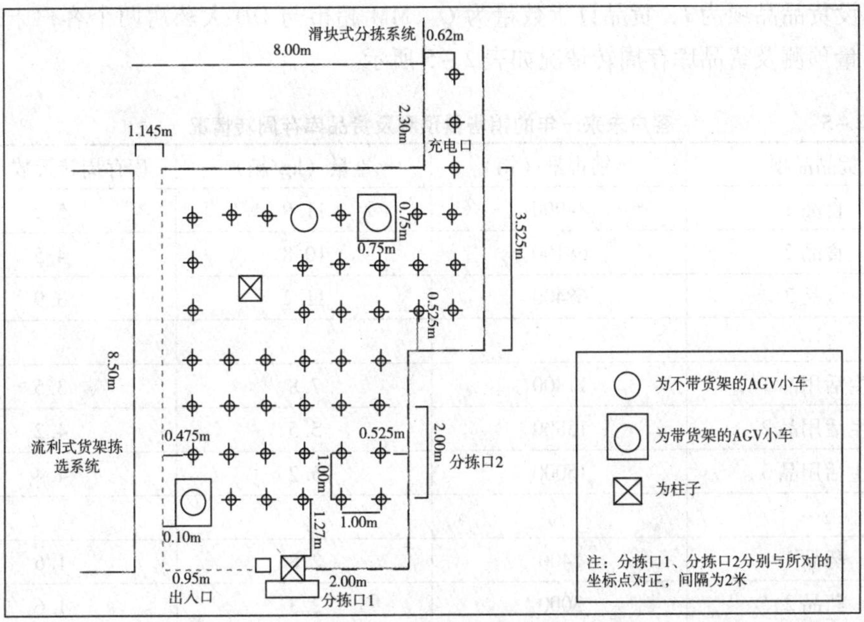

图 2-3　AGV 拣选系统布局

任务 2　物流设备的选择

一、仓配中心对现有存储设备的存储能力进行梳理整合

（1）托盘式立库与循环搬运系统：可用储位 84 个，每个储位最大承重量为 1t，托盘规格为 860mm × 1000mm × 150mm。

（2）多穿立库系统：可用储位 32 个，每个储位最大承重量为 0.6t，料箱规格为 600mm × 400mm × 280mm。

（3）料箱式立库系统：可用储位 504 个，每个储位最大承重量为 30kg，料箱规格为 400mm × 600mm × 280mm。

（4）流利式货架拣选系统：可用储位 90 个，每个储位最大承重量为 30kg，料箱规格为 600mm × 400mm × 280mm。

（5）AGV 拣选系统：可灵活设置储位，每个储位最大承重量为 100kg，移动货架规格为 900mm × 900mm × 2350mm。

二、每个品项的订货数量分析

每个品项的订货数量分析（IQ 分析）主要了解各品项出货量的分布状况，分析产品的重要程度与运量规模，可用于仓储系统的规划选用、储位空间的估算，并将对拣货方式及拣货区的规划产生影响。

假设货品品项为 I，货品订货数量为 Q。MM 超市与 DD 大药房两个客户未来一年的销售量预测及货品库存周转情况如表 2-5 所示。

表 2-5　客户未来一年的销售量预测及货品库存周转情况

货品品项	年销售量（箱）	重量（kg/箱）	库存周转天数（天）
食品 1	84900	11.9	5.2
食品 2	68100	10.8	4.5
食品 3	68400	11.2	3.9
……			
生活用品 1	17400	7.8	3.5
生活用品 2	13800	5.5	4.2
生活用品 3	15000	5.2	4.4
……			
药品 1	2400	2.8	1.6
药品 2	3000	2.3	1.6
药品 3	3600	2.6	2.5
……			

平均库存量是指一定时期内某种货品的平均库存数量。在拉式供应链模式下，市场的销售需求会影响上游企业之间的合作与决策，进而对仓储与配送需求有直接的影响。库存量与货品订货数量、货品周转时间等因素正相关，结合考虑表 2-6 中货品日销售量与库存周转情况。

表 2-6　货品日销售量与库存周转情况

货品品项	日销售量（箱）	库存周转天数（天）
食品 1	283	5.2
食品 2	227	4.5
食品 3	228	3.9
……		
生活用品 1	58	3.5
生活用品 2	46	4.2
生活用品 3	50	4.4
……		
药品 1	8	1.6
药品 2	10	1.6
药品 3	12	2.5
……		

由于，

库存周转天数（天）=年销售量（箱）/年平均库存量（箱）

则，

日平均库存量（箱）≈库存周转天数（天）×日销售量（箱）

货品 IQ 分析如表 2－7 所示。

表 2－7　　　　**货品 IQ 分析**

货品品项 I	平均库存量 Q（箱）
食品 1	1472
食品 2	1022
食品 3	889
……	
生活用品 1	203
生活用品 2	193
生活用品 3	220
……	
药品 1	13
药品 2	16
药品 3	30
……	

根据货品平均库存量 Q 和货品品项 I，绘制货品 IQ 分析柱状图，如图 2－4 所示。

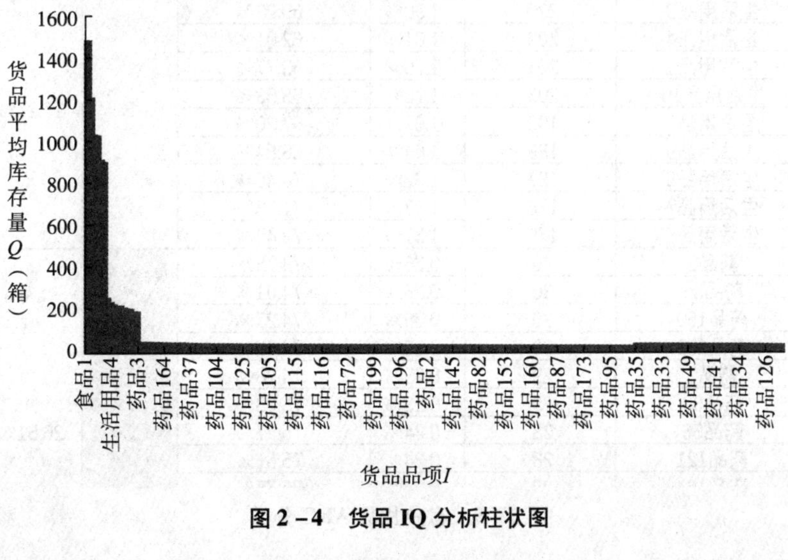

图 2－4　货品 IQ 分析柱状图

根据图 2－4 可以得到各货品平均库存量的分布状况，总体而言货品的平均库存量分布趋向两极化，少数货品平均库存量分布在 900～1500 箱，多数货品平均库存量分布在 5 ~30 箱，剩余部分货品平均库存量分布在 150 ~220 箱。为了根据 *I* 和 *Q* 的关系对平均库存量进行更明确的划分，考虑进一步进行 IQ - ABC 分析。

三、IQ - ABC 分析

管理众多库存商品是一件繁杂的事。若欲采用自动化设备辅助，则要对所有的商品采取自动化，这是相当耗费成本的。此时，若根据货品 IQ 分析柱状图，将 A 类商品先予以自动化，可达到约 80% 的出货量自动化。也就是以 20% 的自动化成本，可达到 80% 的自动化效益。拣货单位和拣货量是重要因素。例如，属于品种少、数量多的酒水类货品，其保管方式常采用平置堆码，或是把货品堆码于托盘上，再保管于托盘式货架、自动化立体仓库中。若出库量少，则以箱为出库单位，其保管方式是将货品置于料箱式自动仓库、料箱式流动货架；若出货种类多、出货量少，则考虑采用回转货架、单品货架等。

根据同类货品相近存储的原则，将平均库存量通过 ABC 分类法进行分类，分类比例如图 2 -5 所示。

B	C	D	E	F	G
货品品项	平均库存量	百分比	累计百分比	分类	比例
食品1	1472	12.73%	12.73%	A	56.22%
食品5	1199	10.37%	23.10%		
食品2	1022	8.84%	31.94%		
食品6	1018	8.80%	40.74%		
食品4	900	7.79%	48.53%		
食品3	889	7.69%	56.22%		
生活用品6	240	2.08%	58.30%	B	17.27%
生活用品3	220	1.90%	60.20%		
生活用品4	209	1.81%	62.01%		
生活用品1	203	1.76%	63.77%		
生活用品10	203	1.76%	65.53%		
生活用品2	193	1.67%	67.20%		
生活用品9	189	1.64%	68.84%		
生活用品8	187	1.62%	70.46%		
生活用品7	176	1.52%	71.98%		
生活用品5	175	1.51%	73.49%		
药品3	30	0.26%	73.75%	C	26.51%
药品85	30	0.26%	74.01%		
药品150	30	0.26%	74.27%		
药品151	30	0.26%	74.53%		
药品7	29	0.25%	74.78%		
药品30	29	0.25%	75.03%		
药品56	28	0.24%	75.27%		
药品121	28	0.24%	75.51%		
药品164	28	0.24%	75.75%		

图 2 -5　客户货品 ABC 分类

根据图 2 -5 进行分析，A 类为食品类，品项少，但是平均库存量占比最大；B 类为生活用品类，品项数和平均库存量居中，但是单品库存量远高于药品类；这两类货物均来自客户 MM 超市。C 类为药品类，由于品项数众多，导致药品类平均库存量占比高于生活用品类，但其单品库存量远低于生活用品类，这类货物来自客户 DD 大药房。

为了更直观地了解，可以将上表绘制成图，如图 2-6 所示。

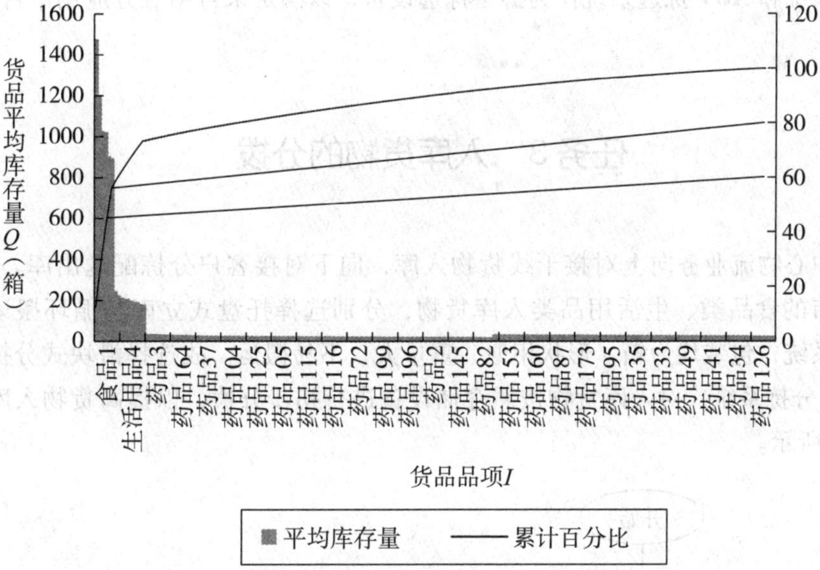

图 2-6 IQ-ABC 分析

图 2-6 清晰地呈现了 ABC 分析法分类的结果，A 类货物为曲线前段，品项数占比最少，但平均库存量占比最多，B 类货物为曲线中段，C 类货物为曲线后段。

四、结论

1. 对于 MM 超市

食品类货物品项少、单品平均库存量大、重量大、库存周转天数多，根据物流业务操作要求（见表 2-2）可知，此类货物出库订单相对批量大、频率低。考虑为这类货物选择单位存储量大且存储单元较多、承重量大、易于大批量存取、操作效率相对较低的物流设施：托盘式立库与循环搬运系统。

生活用品类货物品项较少、单品平均库存量居中、重量大、库存周转天数略少于食品类货物，根据物流业务操作要求（见表 2-2）可知，此类货物出库订单相对批量大、频率低。考虑为这类货物选择单位存储量较大但存储单元较少、承重量居中、易于大批量存取、操作效率较高的物流设施：多穿立库系统。

2. 对于 DD 大药房

药品类货物品项多、单品平均库存量少、重量轻、库存周转天数少，根据物流业务操作要求（见表 2-4）可知，此类货物出库订单相对批量小、频率高。考虑为这类货物选择单位存储量较小但存储单元多、承重量小、易于小批量存取、操作效率较高的物流设施：料箱式立库系统。

根据物流业务操作要求（见表 2－4）可知，DD 大药房将开展的第三方应用平台业务要求货品出库方式按照门店、第三方应用平台订单进行拣选，整箱、小件拣选出库。此类订单直接面向移动终端客户，需要保证分拣配送效率，因此考虑选用流利式货架拣选系统和 AGV 拣选系统作为拆零拣选设备，以满足来自第三方应用平台的业务需求。

任务 3 入库货物的分拨

仓配中心物流业务向上对接干线货物入库，向下对接客户分拣配送出库。来自客户 MM 超市的食品类、生活用品类入库货物，分别选择托盘式立库与循环搬运系统、多穿立库系统，包装均为箱，形状相似、重量大、不易搬运。故选择滑块式分拣系统，结合 RFID 分拣系统，对入库货物按照存储设备进行初步分拨，以提高货物入库效率，如图 2－7 所示。

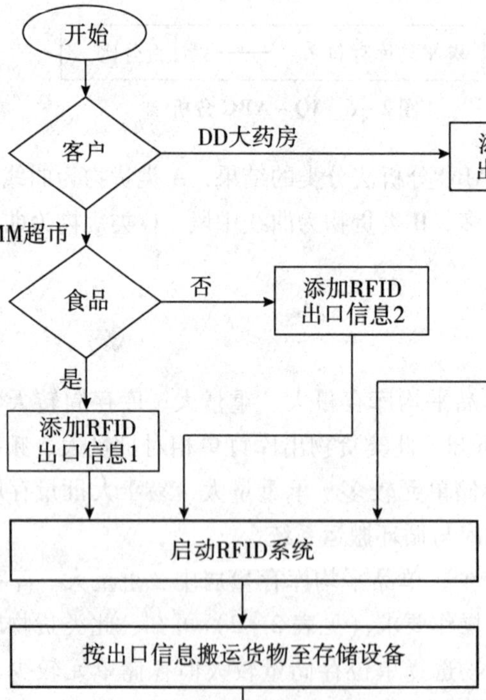

图 2－7 滑块式分拣系统作业

知识链接

一、仓库规划

（一）仓库的规划

设法协调仓库面积、作业面积的不同需要，保证库房面积得到充分的利用，这是库房合理规划所要解决的中心问题。

仓库的总平面规划包括：①库区的总体规划，建筑物平面位置的确定；②库区内运输线路规划；③库区安全防护及安保；④库区内部的功能区域划分。

仓库的总平面规划一般可以分为仓储作业区（作为仓库主体，主要业务和商品保管、检验、包装、分类、整理等都在这个区域内进行，作为主要建筑物和构筑物，它包括库房、货场站台以及加工、整理、包装场所等）、辅助业务区（为主要业务提供各项服务）、行政生活区（由办公室和生活场所组成）、院内道路、绿化区、停车场等。在规划各区域时，要遵照相应的法律法规，并使不同区域所占面积与仓库总面积保持适当比例。院内绿化面积不低于30%，院内要设消防通道，仓库总面积要涵盖库内运输道路的面积。平面规划的目的是出入库方便。

在进行仓库总平面规划时应满足如下要求：①遵守各种建筑及设施规划的法律法规；②满足仓库作业流畅性要求，避免重复搬运的迂回运输；③保障商品的储存安全；④保障作业安全；⑤最大限度地利用仓库面积；⑥有利于充分利用仓库设施和机械设备；⑦符合安全保卫和消防工作要求；⑧考虑仓库扩建的需求。

（二）仓库规划原则

仓库规划方案应做到以尽可能低的成本，实现货物在仓库内快速、准确地流动。这个目标的实现，要通过物流技术、信息技术、成本控制和仓库的组织结构的一体化策略才能达到。仓储系统的物流规划原则不是一成不变的，要视具体情况而定。在特定场合下，有些原则是互相影响，甚至互相矛盾的。为了做出最好的设计，有必要对这些原则进行选择和修改。

（1）系统简化原则。要根据物流标准化做好包装和物流容器的标准化，把粮食、饮料、食盐、食糖、饲料等散装货物和外形不规则的货物组成标准的储运集装单元，实现集装单元与运输车辆载重量及有效空间尺寸的配合、集装单元与装卸设备的配合、集装单元与仓储设施的配合。这样做有利于仓储系统中各个环节的协调配合，在异地中转等作业时避免换装，提高通用性，减少搬运作业时间及物品的损失，从而节约费用，同时也简化了装卸搬运子系统，降低系统的操作成本和维护成本，提高系统的可靠性和仓储作业的效率。

(2) 平面设计原则。若无特殊要求，仓储系统中的物流都应在同一平面上实现，从而减少不必要的安全防护措施，减少利用率低、作业效率低和能源消耗较大的起重机械的使用，提高系统的效率。

(3) 物流和信息流的分离原则。现代物流是在计算机网络支持下的物流，物流和信息流的分离解决了物流流向的控制问题，提高了系统作业的准确率，从而提高了系统作业效率。如果不能实现物流和信息流的尽早分离，就要求在物流系统的每个分合节点均设置相应的物流信息识读装置，这势必造成高冗余度，增加系统的成本。如果能实现物流和信息流的尽早分离，将所需信息一次识别出来，再通过计算机网络传到各个节点，则可降低系统的成本。

(4) 柔性化原则。仓库的建设和仓储设备的购置需要大量的资金。为了保证仓储系统高效工作，需要配置针对性较强的设备，而社会物流环境的变化，又有可能使仓储货物品种、规格和经营规模发生改变。因此，在规划时，要注意机械和机械化系统的柔性以及仓库扩大经营规模的可能性。

(5) 物料处理次数最少原则。不管是人工还是机械操作，每一次物料处理都需要花费一定的时间和费用。通过复合操作减少不必要的移动，或者引入能同时完成多个操作的设备，就可减少处理次数。

(6) 最短移动距离，避免物流线路交叉原则。移动距离越短，所需的时间和费用就越少。避免物流线路交叉，即可规避交叉物流控制和物料等待时间的问题，保持物流的畅通。

(7) 成本与效益原则。在建设仓库和选择仓储设备时，必须考虑投资成本和系统效益。在满足作业需求的条件下，尽量降低投资成本。

二、仓库布局

仓库主要由以下几部分组成：物品储存区，验收、分发作业区，管理室及生活间，辅助设施等。仓库布局是指在一定区域内，对仓库的数量、规模、地理位置和仓库设施、道路等各要素进行科学规划和总体设计。仓库布局根据库区场地条件、仓库的业务性质和规模、储存物品的特性，以及仓储技术条件等因素，对仓库的主要建筑物(库房、货棚、货场)、辅助建筑物、构筑物、站台等固定设施和库内运输线路进行总体安排和配置，以最大限度地提高仓库储存能力和作业能力，降低各项仓储作业费用，更有效地发挥仓库在物流过程中的作用。仓库布局包括平面布局和空间布局。

(一) 仓库平面布局

1. 仓库平面布局的原则

(1) 便于储存保管。仓库的基本功能是对库存物品进行储存保管。在进行平面布局时要考虑物品的合理储存和库容的充分利用，为保管创造良好的环境、提供适宜的条件。

（2）利于作业优化。仓库作业优化是指提高作业的连续性，实现一次性作业，减少装卸次数，缩短搬运距离，使仓库完成一定的任务且发生的装卸搬运次数最少。同时还要注意各作业场所和科室之间的业务联系和信息传递。

（3）保证仓库安全。仓库安全是一个重要问题，包括防火、防洪、防盗、防爆等。仓库建设时要严格执行《建筑设计防火规范》的规定，留有一定的防火间距，并配置防火防盗安全设施，作业环境的安全卫生标准要符合国家有关规定，有利于职工的身体健康。

（4）节省建设投资。要因地制宜，充分考虑地形、地质条件，利用现有资源和外部协作条件，根据设计规划和库存物品的性质更好地选择和配置设施设备，最大限度地发挥其效能。仓库中的延伸性设施——供电、供水、排水、供暖、通信等设施对基本建设投资和运行费用的影响都很大，所以应该尽可能集中布置。

2. 影响仓库平面布局的因素

（1）周围环境。仓库周围的环境包括四邻及附近产生的有害气体、固体微粒、震动等情况，以及交通运输条件和协作方的分布等。

（2）存货特点。存货特点是指仓库建成后存放的物品的性质、数量以及所要求的保管条件。

（3）仓库类型。仓库类型是指仓库本身的性质特点。例如，综合仓库与专业仓库就有明显的不同。

（4）作业流程。作业流程是指仓库作业的构成及相互关系。

（5）作业手段。自动化、机械化和人工作业在仓库布局方面有质的差别。

（二）仓库空间布局

现代仓库的立体规划是指现代仓库在立体空间上的布局，即仓库建筑高度的规划。仓库基建时，应因地制宜地将场地上自然起伏的地形加以适当改造，使之满足库区各建筑物、库房和货场之间的装卸运输要求，并合理地组织场地排水。

1. 库房、货场、站台标高布局

库房地秤标高与库区路面标高的关系，取决于仓储作业机械化程度和叉车作业的情况。机械在载重作业时爬坡能力受到限制，如库房地秤与路面之间的高度相差较大，会影响叉车作业效率，因此最好让仓库的地秤和库区路面在标高上相等，不得已时，可使两者之间有4%以内的纵向坡度。

货场一般沿铁路线路布置，多数是跨在铁路专用线两侧。在标高上，除铁路有专门的规定外，货场标高可适当略高或略低于铁路线。

装卸站台通常是以其一侧纵边面向铁路，另一侧面向汽车线路或装卸货场。站台的高度和宽度依物资搬运方式和运输工具不同而定。采用汽车运输时，根据汽车的类型，站台应高出道路路面0.9～1.2m。用火车运输时，站台的高度应与车厢底板持平。

2. 合理利用建筑地坪承载能力

仓库地坪单位面积建筑承载能力因地面、垫层和地基结构的不同而不同。例如，在坚硬的地坪用300mm厚的片石，其表面用200mm厚的混凝土铺成地面，其建筑承载能力为5～7t/m^2。应当充分利用地坪的承载能力，用各种货架存货，以充分利用空间，同时使用各种装卸设备配合作业，加速库存商品的周转。

（三）仓库作业功能区域布局

1. 仓库作业的基本功能分区

仓库作业的基本功能分区包括进货区、储存区、中转区、分拣区（可选）、流通加工区（可选）、仓库管理区、出货区等。

2. 仓库作业的基本功能区域布局

根据当地的条件和物流需求，仓库作业的基本功能区域布局必须对仓库各个作业区域以及区域之间的相互关系进行规划，其步骤如下。

（1）确定各个区域的关系：①流程上的关系，即建立物流和信息流之间的关系；②组织上的关系，即建立各部门组织之间的关系；③功能上的关系，即区域之间因功能需要而形成的关系。

（2）确定仓库货物流动形式：①直线形流动适合出入口在厂房两侧、作业流程简单、规模较小的物流作业，无论订单大小和拣货多少都要经过厂房；②U形流动适合出入口在仓库同侧的物流作业；③T形流动适合出入口在厂房两侧的物流作业。

（四）作业区空间位置布局

第一，确定仓储对外的连接形式。第二，确定仓储中心厂房的空间范围、大小和长宽比例。第三，确定物流中心由进货到发货的主要物流流动形式。第四，根据物流中心作业流程顺序安排各区域位置。第五，决定行政区与物流仓储区的关系。

1. 仓库供水与排水布局

仓库供水、排水主要是生活用水和消防用水。库区的排水包括两个方面：

（1）防洪问题，防止库外洪水冲淹仓库；

（2）库区场地排水问题，即生活污水和雨水向库外排出。

供水、排水管道在地下铺设埋入的深度，取决于库区所在地的气象条件。一般而言，北方深埋以防冻，南方浅埋且应加固以防压坏。

2. 搬运与库区布局

仓库布局应结合所选择的搬运设备，因为产品流程的通道将主要取决于搬运系统。

三、仓储设备配置

仓储设备配置是仓储系统规划的重要内容，关系到仓库建设成本和运营费用，更关系到仓库的生产效率和效益。

（一）仓储设备的选择原则

（1）仓储机械设备的型号应与仓库的作业量、出入库作业频率相适应。

（2）计量和搬运作业应同时完成。

（3）选用自动化程度高的机械设备。

（4）注意仓储机械设备的经济性。

（二）搬运设备

（1）堆垛机：专门用来堆码或提升货物的机械。

（2）输送机：一种连续搬运货物的机械。

（3）叉车：比较常用的装卸设备，具有各种叉具，能对货物进行升降、移动以及装卸作业。

（4）起重机：将货物吊起，在一定范围内主要做水平运动的机械。

（三）自动化立体仓库

1. 自动化立体仓库概述

自动化立体仓库又称自动存取系统、自动仓库、自动化高架仓库、高架立体仓库、无人仓库、无纸作业仓库等，是指通过电子计算机和相应的自动控制设备对仓库的作业和仓储管理进行自动控制与管理，并通过自动化系统进行仓库作业的现代化仓库。

2. 自动化立体仓库的构成

自动化立体仓库主要由以下几个部分组成。

（1）高层货架：用于存储货物的钢结构，目前主要有焊接式货架和组合式货架两种基本形式。

（2）托盘（货箱）：用于承载货物的器具，又称工位器具。

（3）巷道堆垛机：用于自动存取货物的设备，按结构形式分为单立柱型巷道堆垛机和双立柱型巷道堆垛机两种基本形式，按服务方式分为直道型堆垛机、弯道型堆垛机和转移穿梭车三种基本形式。

（4）输送机系统：输送机系统是立体库的主要外围设施，负责将货物运送到堆垛机或从堆垛机将货物移走，输送机的种类非常多，常见的有辊式输送机、链条输送机、升降台、分配车、提升机、皮带机等。

（5）AGV 小车：AGV 小车即自动导向搬运车，根据其导向方式分为感应式导向小车和激光导向小车。

（6）自动控制系统：驱动自动化立体仓库系统各设备的自动控制系统，目前以现场总线方式为控制模式。

（7）库存管理信息系统：又称中央计算机管理系统，是全自动化立体仓库系统的核心，目前典型的自动化立体仓库系统均采用大型的数据库系统（如 Oracle，Sybase

等）构筑典型的客户机/服务器体系，可以与其他系统（如ERP系统等）联网或集成。

3. 建造自动化立体仓库应考虑的因素

自动化立体仓库是在社会生产力和科学技术不断发展的情况下产生的一种现代化仓储管理技术。然而，不是所有的企业都适合建造自动化立体仓库，企业必须进行认真的分析，为使自动化立体仓库能够充分发挥其作用，建造时应考虑以下几个因素。

(1) 需要有较大的资金投入。

自动化立体仓库除了建筑投资外，还必须有相应的配套设施与设备投入。这不仅要求初期投入，还要求考虑设施与设备的维护费用。所以，自动化立体仓库的资金投入是相当大的，拟建库的企业必须具备雄厚的资金实力。

(2) 货品的出入库频率较大，且货物流动比较稳定。

货品的仓储总量必须足够大，而且要求出入库作业频繁，货流量稳定，否则就会出现仓储空间浪费，仓储设施设备闲置等不良状况，不利于发挥自动化立体仓库的优势。

(3) 仓库的建筑地面应有足够的承载能力。

由于自动化立体仓库采用高层货架，高度可达到几十米，其单位面积利用率比较大，有的可达 $7.5t/m^2$，仓库的建筑地面应有足够的承载能力。这就要求了解建库现场的环境条件，包括地形、地质、地面承载能力以及其他环境因素。

(4) 需要配备一支高素质的专业技术队伍。

从自动化立体仓库的规划设计到投入运营的整个过程中，组成自动化立体仓库的各个子系统的设计施工和维护均需要相应的专业知识，需要由专业人员进行。因此，自动化立体仓库的建造不仅要求工作人员具有较高的专业技术，而且要求工作人员具有高度的责任心。

(5) 企业发展的整体规划。

自动化立体仓库投资额巨大，因而在建造时要考虑企业未来的经营方向、经营规模等整体发展规划。

总之，自动化立体仓库的建设必须综合考虑各方面的因素，紧密结合实际，不能盲目投资兴建，否则将会造成很大的损失。在采用自动化立体仓库这项技术时，一定要从实际出发，结合我国近期的发展情况，慎重考虑。

第三章　仓配中心仓储实务

学习目标

知识目标

1. 了解存储单元设备的特点和参数、储位规划的基本内容；
2. 理解储位存储方式、储位规划的基本原则；
3. 掌握储位规划的存储策略、储位规划的操作流程，以及货位编码与货位编号；
4. 掌握入库作业的流程和要求。

能力目标

1. 能够根据货物的出库数据，对货物进行物动量分析；
2. 能够对存储单元进行 SKU 设定；
3. 能够根据储位规划的基本原则，合理采用储位规划存储策略，依照储位规划操作流程，为待出库货物进行储位规划，确定合理分拣储位；
4. 能够制订入库方案。

任务发布

2020 年 10 月 31 日，仓配中心正常运营。信息组负责每日接收、处理来自客户的订单，处理内容包括发货时间、发货地点、运输方式、在途天数、预计到货时间、到货地点、联系电话、货物名称、规格、数量、包装、形状、单件体积、理化性质、保管要求、自提还是送货上门、是否需要与货站结算货款等，必要时要向存货人进行询问、核实，确保准确无误，便于后续工作的顺利开展。信息组根据这些信息生成相应的仓配作业任务，发送至运营中心。运营中心根据业务类型，将作业任务向下按组分发。

来自 MM 超市的一些生活用品和食品即将通过干线运输到达仓配中心。食品 1 共 140 箱，每箱毛重 8kg，包装承重压力为 35kg，包装长 25cm，宽 17cm；生活用品 1 共

120 箱，每箱毛重 11kg，包装承重压力为 40kg，包装长 20cm，宽 18cm。

同时，来自 DD 大药房的部分药品也即将由京津冀分拨中心发送至仓配中心。

信息组收到来自客户的入库订单，根据客户需求和货品信息向运营中心发送入库任务通知。运营中心进一步将入库任务下发至仓储组。

目前系统可以查询近 6 个月的物动量月报表，请根据客户需求，完成客户入库任务。

客户入库任务通知单如样单 3－1 至样单 3－6 所示。

样单 3－1　　**入库通知单 1**

客户：MM 超市　　入库库房：北物仓配中心库房

批次号：20201029　　预计入库时间：2020－11－01

客户指令号：20200120X011

货品条码	货品名称	包装规格（mm）	数量	单位
20205001	食品 1	250×170×70	140	箱

样单 3－2　　**入库通知单 2**

客户：MM 超市　　入库库房：北物仓配中心库房

批次号：20201030　　预计入库时间：2020－11－01

客户指令号：20200120X012

货品条码	货品名称	包装规格（mm）	数量	单位
20205002	生活用品 1	200×180×70	80	箱

样单 3－3　　**入库通知单 3**

客户：MM 超市　　入库库房：北物仓配中心库房

批次号：20201111　　预计入库时间：2020－11－02

客户指令号：20200120X013

货品条码	货品名称	包装规格（mm）	数量	单位
20205002	生活用品 1	200×180×70	40	箱

样单 3－4　　**入库通知单 4**

客户：DD 大药房　　入库库房：北物仓配中心库房

批次号：20190120001　　预计入库时间：2020－11－01

客户指令号：20190120X011

货品条码	货品名称	包装规格（mm）	数量	单位
6902774003017	药品 1（片剂）	85×80×70	8	箱

样单 3－5　　**入库通知单 5**

客户：DD 大药房　　入库库房：北物仓配中心库房
批次号：20190120002　　预计入库时间：2020－11－01
客户指令号：20190120X012

货品条码	货品名称	包装规格（mm）	数量	单位
6932010061881	药品 33（粉剂）	80×70×20	5	箱
6932010061808	药品 12（溶剂）	60×55×20	5	箱

样单 3－6　　**入库通知单 6**

客户：DD 大药房　　入库库房：北物仓配中心库房
批次号：20190120003　　预计入库时间：2020－11－01
客户指令号：20190120X013

货品条码	货品名称	包装规格（mm）	数量	单位
6932010061860	药品 17（片剂）	90×70×70	10	箱
6932010061893	药品 27（片剂）	80×70×20	10	箱

注：破损、污损、未封箱、发送错误的货品应拒收，未组托的货物需要进行码盘作业。

任务实施

客户（存货人）在储存货物之前，会以仓储合同或保管合同的形式将其存放货物的种类、规格、数量、性质、入库时间、保管时间、保管条件等信息明确地告知仓配中心。这时，仓库计划人员就可以对其进行分析，编制具体的入库作业计划，说明作业程序与内容，并及时通知各部门做好相应的准备工作，以保证入库的顺利进行。

任务 1　存储单元设备准备

根据上一章的结论，仓配中心托盘式立库与循环搬运系统、多穿立库系统主要用于存储 MM 超市的货品。

存储单位使用木质托盘进行存储，规格为 860mm×1000mm×150mm，托盘承重 1000kg。具有抗弯强度大、刚性好、精确度高、不易变形、牢固性好等优点。但材料易受潮、发霉、虫蛀，无法清洗，不防水不防火，对使用场地的温湿度要求较高。在使用立体货架时，应注意托盘的额外货架载重，禁止超载使用。

料箱式立库系统主要用于储存 DD 大药房的货品。

存储单位使用标准式料箱进行存储，规格为400mm×600mm×280mm，具有耐用、多功能、可堆叠；质轻节材；防静电、阻燃；化学性质稳定；防水、防潮、防腐蚀、防蛀虫；抗折、抗老化、承载强度大等优点。使用时应注意避免阳光暴晒，严禁将货物从高处抛掷到料箱内。托盘与料箱如图3－1所示。

图3－1　托盘与料箱

任务2　储位编码

每个存储单元都有自己独有的地址。本任务的入库作业，只有明确系统的储位地址及其排序，才有顺利完成任务的保证。为了方便搜索定位和信息管理与记录，货位编号、名称、序号、标签记号等用以识别的记录代码就显得非常重要，如果没有这些可识别区分的符号代码，记忆系统便无法运作。同时储位的编码并不是无序和随机的，而是从定义的起点开始以一定规则和顺序编码的。

以料箱式立库系统为例。

登录“RIAMB WMIS 8.0”管理系统，启动料箱式立库系统，可以实时查询系统储位的使用状态，如图3－2所示。

在图3－2中，拖动“当前列”滚动条，选择不同列，根据图例，可以查询空储位、空托盘、有货储位、工作储位、问题储位和封闭储位的状态，如图3－3所示。

仓配中心立库存储设备储位布局都可以划分为巷、层、列和排，考虑将这四个维度作为储位编码的基础，如图3－4所示。结合平面布局原则如下。

（1）编码顺序：巷—层—列—排；

（2）巷编码：每个立库系统仅有一巷，规定巷编号为1；

（3）层编码：规定由下向上，编码由1起始，依次为1，2，3，…；

（4）列编码：规定由东向西，编码由1起始，依次为1，2，3，…；

（5）排编码：每个立库系统都由巷将储位布局分成两排，规定由北向南，编码由1起始，依次为1，2。

料箱式立库系统总货位数：504货位＝1巷×14层×18列×2排，如图3－4所示。

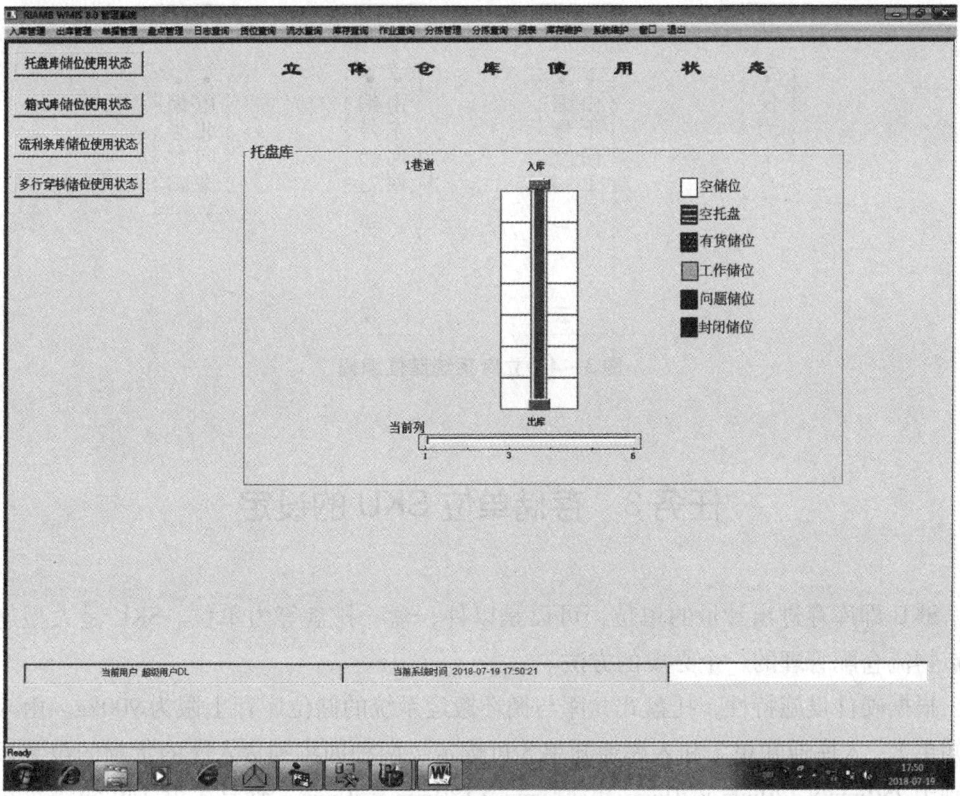

图 3－2　立库使用状态

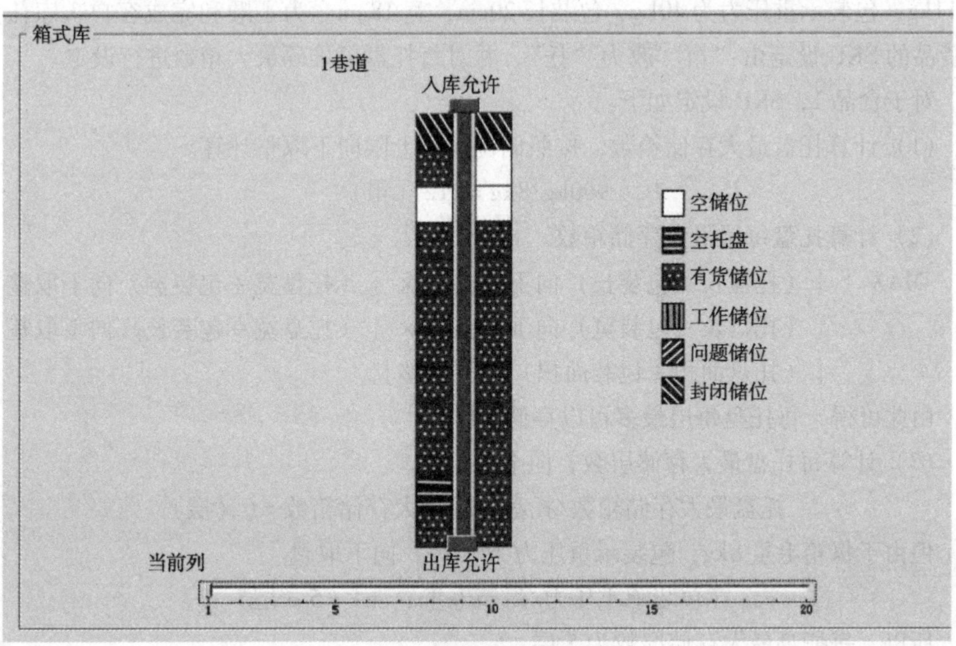

图 3－3　储位状态标示

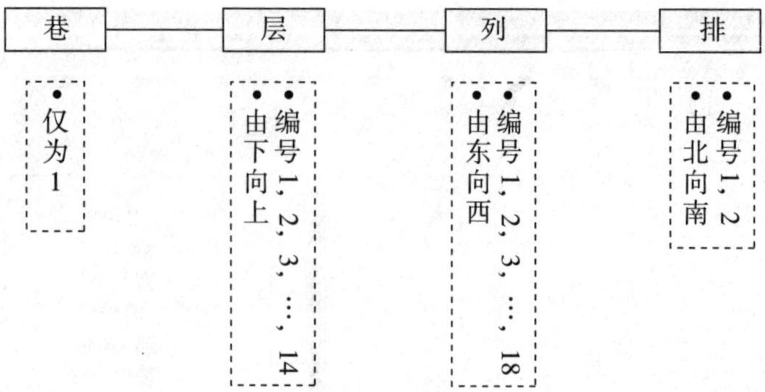

图 3－4　立库系统储位编码

任务 3　存储单位 SKU 的设定

SKU 即库存进出计量的单位，可以是以件、盒、托盘等为单位。SKU 是大型连锁超市物流仓配管理的一个必要的方法。

根据硬件设施特性，托盘式立库与循环搬运系统的储位库存上限为 900kg。由入库通知单 1、入库通知单 2 和入库通知单 3 可确定，两种即将到货入库的货物的包装尺寸分别为 250mm×170mm×70mm 和 200mm×180mm×70mm；食品 1 共 140 箱，每箱毛重 8kg，包装承重压力为 35kg，包装长 25cm，宽 17cm；生活用品 1 共 120 箱，每箱毛重 11kg，包装承重压力为 40kg，包装长 20cm，宽 18cm。为了顺利完成客户入库任务，将货品的 SKU 设定由“箱”改为“托”，并对每托盘可堆码最大箱数进行设定。

对于食品 1，SKU 设定如下。

（1）计算托盘最大存储箱数，按照储位库存上限向下取整计算。

900kg/8kg＝112（箱）

（2）计算托盘每层最大存储箱数。

MAX｛［（托盘长÷包装长）向下取整］×［（托盘宽÷包装宽）向下取整］；
［（托盘长÷包装宽）向下取整］×［（托盘宽÷包装长）向下取整］；
［（托盘面积÷包装面积）向下取整］｝

由此可得，每托盘每层最多可以存储 20 箱。

（3）计算每托盘最大存储层数，向上取整。

托盘最大存储箱数/托盘每层最大存储箱数＝6（层）

但由于每箱毛重 8kg，包装承重压力为 35kg，向下取整。

（包装承重压力/每箱毛重）＋1＝5（层）

所以，每托盘最大存储层数为 5 层。

综上，对于食品 1，托盘式立库与循环搬运系统存储单位 SKU 为每层堆码 20 箱，堆码5层，共100箱。入库量为近一托半，应入库到两个储位。同理，对于生活用品1，多穿立库系统存储单位SKU为80箱，入库量为一托半，应入库到两个储位。

料箱式立库系统存储单位SKU设定同理。

目前，还有一个问题待解决：选择哪些储位完成入库任务？

任务4　入库储位分配

仓配中心的货品存储方式是指各个货位如何存放商品，货位存储方式分为两种基本形式，一是固定货位存储方式，二是随机货位存储方式。

固定货位存储方式的主要优点是各种商品存放的位置固定不变，便于管库人员熟悉和记住货位，收发料时很容易查找。如果绘制成货位分布图，非本库人员也能按图比较容易地找到货位。料箱式立库系统存储的货物品种多而数量相对较少，对存储条件有一定的要求，如溶剂药品不可与片剂或粉剂药品一起存储。所以料箱式立库系统储存区采用固定货位存储方式。

随机货位存储方式与固定货位存储方式相反，每个货位可以存放任何一种商品，只要货位空闲，入库的各种商品都可存入，称为“见缝插针”。随机货位存储方式的主要优点是能充分利用每个货位，提高仓库的储存能力。托盘式立库与循环搬运系统储存区入库的货品尺寸大，重量大，不适合固定货位存储；同时多穿立库系统存储空间大，存储的货品品种少而数量多，进出库频率较均匀稳定。所以托盘式立库与循环搬运系统、多穿立库系统储存区采用随机货位的存储入库方式。

需要注意的是，生活用品1分别来自两个入库任务单，批次不同，入库储位分配应按照批次进行。

一、物动量月报表

进入料箱式立库系统，查询近6个月的物动量月报表，如表3－1所示。

表3－1　　物动量月报表

物动量月报表1

制表人：李毅　　　　制表时间：2020年5月31日

货品条码	货品名称	出库量（件）
6902774003017	药品1	10
6913221010106	药品2	73
6918010061360	药品3	12
6918011061360	药品4	129
6918163010887	药品5	93

续 表

货品条码	货品名称	出库量（件）
6920855052068	药品 6	11
6920907800171	药品 7	6
6920907800173	药品 8	329
6921317958690	药品 9	800
……	……	……

二、对物动量进行 ABC 分类法分析

ABC 分类法又称帕累托分析法，也叫主次因素分析法，是项目管理中常用的一种方法。它是根据事物在技术或经济方面的主要特征，进行分类排序，分清重点和一般，从而有区别地确定管理方式的一种分析方法。由于它把分析对象分成 A、B、C 三类，故称为 ABC 分类法。

（1）计算所有货品 6 个月的出库总量，如图 3 -5 所示。

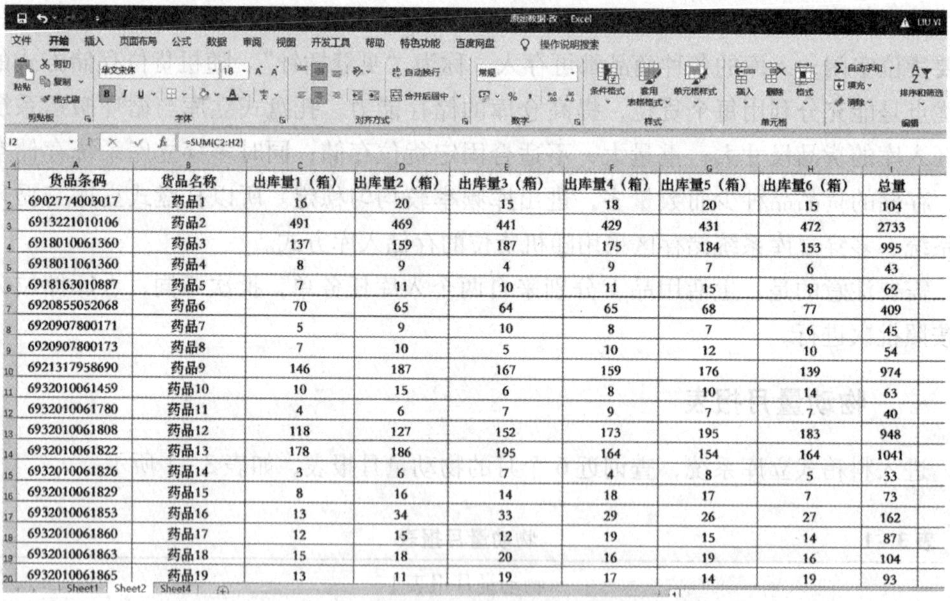

货品条码	货品名称	出库量1（箱）	出库量2（箱）	出库量3（箱）	出库量4（箱）	出库量5（箱）	出库量6（箱）	总量
6902774003017	药品1	16	20	15	18	20	15	104
6913221010106	药品2	491	469	441	429	431	472	2733
6918010061360	药品3	137	159	187	175	184	153	995
6918011061360	药品4	8	9	4	9	7	6	43
6918163010887	药品5	7	11	10	11	15	8	62
6920855052068	药品6	70	65	64	65	68	77	409
6920907800171	药品7	5	9	10	8	7	6	45
6920907800173	药品8	7	10	5	10	12	10	54
6921317958690	药品9	146	187	167	159	176	139	974
6932010061459	药品10	10	15	6	8	10	14	63
6932010061780	药品11	4	6	7	9	7	7	40
6932010061808	药品12	118	127	152	173	195	183	948
6932010061822	药品13	178	186	195	164	154	164	1041
6932010061826	药品14	3	6	7	4	8	5	33
6932010061829	药品15	8	16	14	18	17	7	73
6932010061853	药品16	13	34	33	29	26	27	162
6932010061860	药品17	12	15	12	19	15	14	87
6932010061863	药品18	15	18	20	16	19	16	104
6932010061865	药品19	13	11	19	17	14	19	93

图 3 -5　货品 6 个月的出库总量

（2）将出库总量由大到小进行排序，如图 3 -6 所示。

（3）计算所有货品 6 个月的出库总量，如图 3 -7 所示。

（4）计算各货品的累计百分比。

按照 7∶2∶1 的原则对货品进行 ABC 分类，如图 3 -8 所示。

累计百分比在 0 ~70% 的货品为 A 类货品；累计百分比在 70% ~90% 的货品为 B 类货品；累计百分比在 90% ~100% 的货品为 C 类货品。

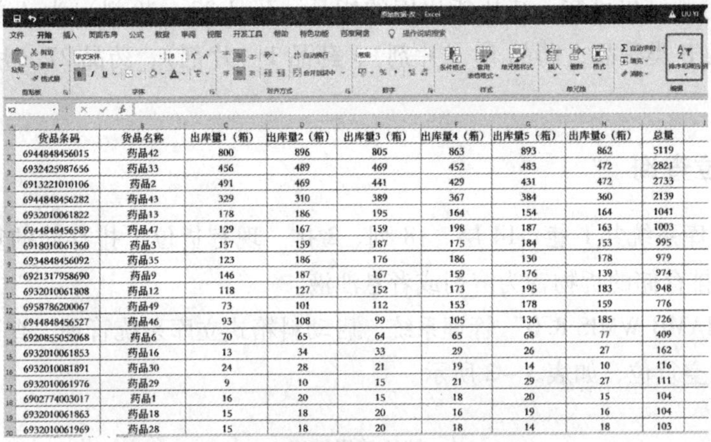

货品条码	货品名称	出库量1（箱）	出库量2（箱）	出库量3（箱）	出库量4（箱）	出库量5（箱）	出库量6（箱）	总量
6944848456015	药品42	800	896	805	863	893	862	5119
6932425987656	药品33	456	489	469	452	483	472	2821
6913221010106	药品2	491	469	441	429	431	472	2733
6944848456282	药品43	329	310	389	367	384	360	2139
6932010061822	药品13	178	186	195	164	154	164	1041
6944848456589	药品47	129	167	159	198	187	163	1003
6918010061360	药品3	137	159	187	175	184	153	995
6934848456092	药品35	123	186	176	186	130	178	979
6921317958690	药品9	146	187	167	159	176	139	974
6932010061808	药品12	118	127	152	173	195	183	948
6958786200067	药品49	73	101	112	153	178	159	776
6944848456527	药品46	93	108	99	105	136	185	726
6920855052068	药品6	70	65	64	65	68	77	409
6932010061853	药品16	13	34	33	29	26	27	162
6932010081891	药品30	24	28	21	19	14	10	116
6932010061976	药品29	9	10	15	21	29	27	111
6902774003017	药品1	16	20	15	18	20	15	104
6932010061863	药品18	15	18	20	16	19	16	104
6932010061969	药品28	15	18	20	18	14	18	103

图 3-6 出库总量由大到小进行排序

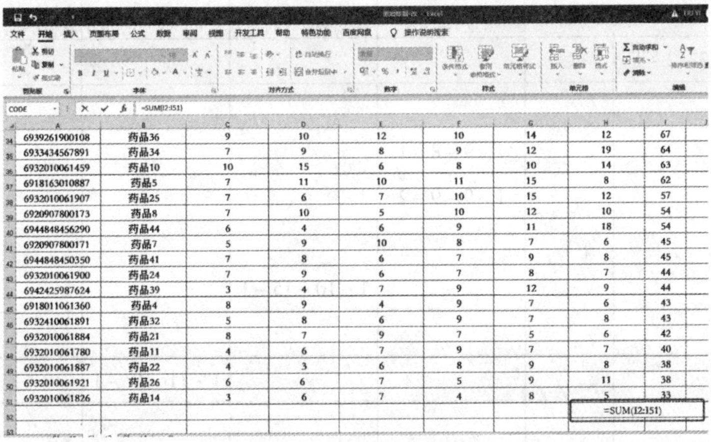

=SUM(I2:I51)

6939261900108	药品36	9	10	12	10	14	12	67
6933434567891	药品34	7	9	8	9	12	19	64
6932010061459	药品10	10	15	6	8	10	14	63
6918163010887	药品5	7	11	10	11	15	8	62
6932010061907	药品25	7	6	7	10	15	12	57
6920907800173	药品8	7	10	5	10	12	10	54
6944848456290	药品44	6	4	6	9	11	18	54
6920907800171	药品7	5	9	10	8	7	6	45
6944848450350	药品41	7	8	6	7	9	8	45
6932010061900	药品24	7	9	6	7	8	7	44
6942425987624	药品39	3	4	7	9	12	9	44
6918011061360	药品4	8	9	4	9	7	6	43
6932410061891	药品32	5	8	6	9	7	8	43
6932010061884	药品21	8	7	9	7	5	6	42
6932010061780	药品11	4	6	7	9	7	7	40
6932010061887	药品22	4	3	6	8	9	8	38
6932010061921	药品26	6	6	7	5	9	11	38
6932010061826	药品14	3	6	7	4	8	5	33
							=SUM(I2:I51)	

图 3-7 出库总量求和

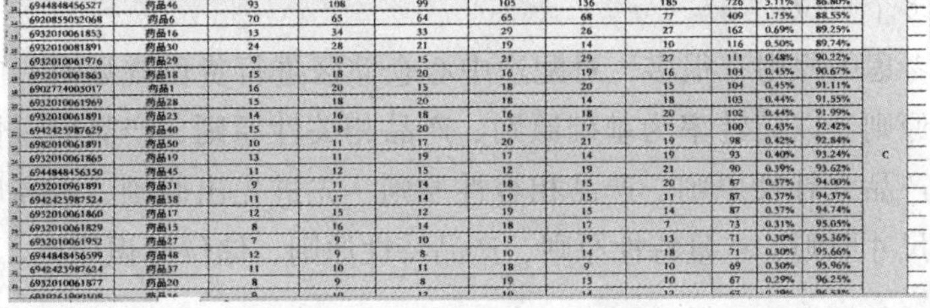

货品条码	货品名称	出库量1（箱）	出库量2（箱）	出库量3（箱）	出库量4（箱）	出库量5（箱）	出库量6（箱）	总量	百分比	累计百分比	
6944848456015	药品42	800	896	805	863	893	862	5119	21.94%	21.94%	A
6932425987656	药品33	456	489	469	452	483	472	2821	12.09%	34.03%	
6913221010106	药品2	491	469	441	429	431	472	2733	11.71%	45.74%	
6944848456282	药品43	329	310	389	367	384	360	2139	9.17%	54.91%	
6932010061822	药品13	178	186	195	164	154	164	1041	4.46%	59.37%	
6944848456589	药品47	129	167	159	198	187	163	1003	4.30%	63.67%	
6918010061360	药品3	137	159	187	175	184	153	995	4.26%	67.93%	
6934848456092	药品35	123	186	176	186	130	178	979	4.20%	72.13%	B
6921317958690	药品9	146	187	167	159	176	139	974	4.17%	76.30%	
6932010061808	药品12	118	127	152	173	195	183	948	4.06%	80.36%	
6958786200067	药品49	73	101	112	153	178	159	776	3.33%	83.69%	
6944848456527	药品46	93	108	99	105	136	185	726	3.11%	86.80%	
6920855052068	药品6	70	65	64	65	68	77	409	1.75%	88.55%	
6932010061853	药品16	13	34	33	29	26	27	162	0.69%	89.25%	
6932010081891	药品30	24	28	21	19	14	10	116	0.50%	89.74%	
6932010061976	药品29	9	10	15	21	29	27	111	0.48%	90.22%	C
6932010061863	药品18	15	18	20	16	19	16	104	0.45%	90.67%	
6902774003017	药品1	16	20	15	18	20	15	104	0.45%	91.11%	
6932010061969	药品28	15	18	20	18	14	18	103	0.44%	91.55%	
6932010061891	药品23	14	16	18	16	18	20	102	0.44%	91.99%	
6942425987629	药品40	15	18	20	15	17	15	100	0.43%	92.42%	
6982010061891	药品50	10	11	17	20	21	19	98	0.42%	92.84%	
6932010061865	药品19	13	11	19	17	14	19	93	0.40%	93.24%	
6944848456350	药品45	11	12	15	12	19	21	90	0.39%	93.62%	
6932010961891	药品31	9	11	14	18	15	20	87	0.37%	94.00%	
6942425987524	药品38	11	17	14	19	15	11	87	0.37%	94.37%	
6932010061860	药品17	12	15	12	19	15	14	87	0.37%	94.74%	
6932010061829	药品15	8	16	14	18	17	7	73	0.31%	95.05%	
6932010061952	药品27	7	9	10	13	19	13	71	0.30%	95.36%	
6944848456599	药品48	12	9	8	10	14	18	71	0.30%	95.66%	
6942423987624	药品37	11	10	11	18	9	10	69	0.30%	95.96%	
6932010061877	药品20	8	9	8	19	13	10	67	0.29%	96.25%	

图 3-8 货品 ABC 分类

由 ABC 分类结果可知，待拣货出库的货品：药品 33（粉剂）为 A 类货品；药品 12（溶剂）为 B 类货品；药品 17（片剂）、药品 1（片剂）、药品 27（片剂）为 C 类货品。

三、储位查询

料箱式立库系统共 1 巷、14 层、18 列、2 排。现有货位 1 排存储的货物皆为片剂或者粉剂；2 排存储的货物皆为溶剂或者悬浊液。

登录“RIAMB WMIS 8.0”管理系统，启动料箱式立库系统管理，查询系统储位使用状态，定位空货位，如表 3 –2 所示。

表 3 –2　储位使用情况

列	层						
	3	……	9	10	11	……	14
2	1 –3 –2 –1						
……							
8			1 –9 –8 –1				
9			1 –9 –9 –2				
……							
15				1 –10 –15 –1			
……							
17					1 –11 –17 –1		
18							1 –14 –18 –1

四、储位分配

合理地分配和使用货位可以减少货物搬运的成本，降低货物在存储及搬运过程中的损耗，从而降低物流业务本身的成本，提高收益。这也是仓储企业工作的重点。货位分配包含两层意义，一是为入库的货物分配最佳货位，即入库货位分配，因为在仓库内可能同时存在多个空闲的货位；二是要选择待出库货物的货位，因为同种货物可能同时存放在多个货位。

货位分配考虑的原则有很多，对配送中心仓储区进行货位规划时，应遵循以下原则：靠近出口原则、以周转率为基础原则、产品相关性原则、产品同一性原则、产品类似性原则、产品互补性原则、产品相容性原则、先进先出原则、码高原则、面对通道原则、产品尺寸原则、重量特性原则、产品特性原则、储位标识原则、明晰（标识）性原则等。

由物动量分析可知，A 类货品品项少，半年来出库量占比高，属于市场需求高的货品。在仓配作业中，这类货品订单量大，出入库作业频繁。根据靠近出口原则、以周转率为基础原则和产品特性原则等，为了便于A类货物出入库操作，节省搬运设备成本，提高作业效率，以达到城市配送快速响应的目的，为入库任务5的药品33（A类货物）分配靠近料箱式立库系统分拣口的储位，即储位1－3－2－1。

相应地，C类货品品项多，半年来出库量占比低，属于市场需求低的货品。在仓配作业中，这类货品订单量小，出库作业频率低。根据以周转率为基础原则、产品同一性原则、先进先出原则等，为了便于C类货物频繁出入库操作，缩短搬运设备行进路线，保证作业流程的流畅性，尽量为C类货物选择远离料箱式立库系统分拣口的储位：为入库任务4的药品1分配储位1－10－15－1；为入库任务6的药品17分配储位1－11－17－1；为入库任务6的药品27分配储位1－14－18－1。

最后，B类货品半年来出库量占比居中，属于市场需求居中的货品。在仓配作业中，这类货品订单量或出库作业频率高于C类货品而低于A类货品。根据以周转率为基础原则和产品类似性原则等，尽量为B类货品分配与箱式立库系统分拣口距离居中的储位，即储位1－9－8－1或储位1－9－9－2。由于入库任务5的药品12不仅为B类货品，其性状还为溶剂，所以为其分配储位1－9－9－2。

任务5　入库方案

一、入库原则

（1）按照订单入库，没有订单的货品拒绝入库，避免占用仓储空间和管理费用。

（2）一定要将不合格品分离出来，及时处理，管理不合格品是无效劳动。

（3）如实入库，大于或小于到货清单数量，都要准确及时地反映出来，对于弄虚作假的行为要严厉打击。

（4）按照流程连续作业，提高效率，缩短时间，降低入库成本。

二、入库准备

（1）人员准备：每组应有1名送货员，1名仓库收货员，1名质检员，1名入库管理员，1名仓储主管（负责检查下属人员的单证是否填制正确及签字）。

（2）RFID准备：整理将要入库货品的品种、类别、数量和相关条码等用于制作RFID标签。待客户货品到货入库时，将RFID标签放入货物托盘，应用滑块式分拣系统，对入库货品按照存储设备进行初步分拨，以提高货品入库效率。

（3）储位分配：托盘式立库与循环搬运系统、多穿立库系统储存区采用随机货位存储方式入库；料箱式立库系统储存区采用固定货位存储方式入库。为入库任务5的药品33分配靠近料箱式立库系统分拣口的储位1－3－2－1；为入库任务4的药品1分配储位 1－10－15－1；为入库任务 6 的药品 17 分配储位 1－11－17－1；为入库任务 6 的药品 27 分配储位 1－14－18－1；为入库任务 5 的药品 12 分配储位 1－9－9－2。

（4）设备准备：在货物到库之前，根据其种类、包装、规格、数量等情况，确定装卸搬运及检验的方法，并准备相应的车辆、检验器材（度量衡）、移动照明、撬棍、锤子、堆码等工具，以及处置危险品需要的必要防护用品。

（5）单据准备：仓库管理员需根据入库计划将作业时所需的入库记录单、验收单、货卡等各种单据、凭证、报表事先准备好，并预填妥当，以备使用。

三、货物接运

做好货物接运业务管理的主要意义在于，防止把在运输过程中或运输之前已经发生的货物损害和各种差错带入仓库，减少或避免经济损失，为验收、保管、保养创造良好的条件。仓配中心与客户战略性合作，不需要自己组织车辆开展库外运输，由供货单位直接将货物送到仓库。其作业内容和程序是，当托运方将货物送到仓库后，根据托运单（需要现场办理托运手续的要先办理托运手续）现场办理接货验收手续，检查外包装，清点数量，做好验收记录。如果在以上程序中无异常情况出现，收货人员在送货交接单上盖章表示货物收讫。若发现有异常情况，必须在送货交接单上详细注明并由送货人员签字，或由送货人员出具差错情况记录、异常情况记录等书面材料，作为事后处理的依据。送货交接单如表 3－3 所示。

表 3－3　　送货交接单

编号：　　日期：　　年　　月　　日

收货人	发站	发货人	货物名称	标志标记	单位	件数	重量	货物存放处	车号	运单号	提料单号
备注											

提货人：　　经办人：　　接收人：

四、货物验收

货物的验收主要包括数量验收、质量验收和包装验收，其中包装验收是通过检查包装的异常状况来判断内部商品是否发生破损或丢失。货物验收工作实际上就是“数量的清点”和“质量的检验”两项任务。在实际工作时，一种做法是数量清点无误后，通知检验部门进行质量检验；另一种做法是先由检验部门检查完质量，认为完全合格后，再通知仓库作业部门办理接收手续，填写收货单。

1. 货物验收的内容和标准

数量检验：根据供货单位规定的计量方法进行数量检验，或过磅或检尺换算，以准确地测定出全部数量，数量检验除规格整齐划一、包装完整者可抽验10%～20%之外，其他应采取全验的方法，以确保入库物资数量的准确。

质量检验：仓库一般只做物资的外观形状和外观质量的检验，进口物资或国内产品需要进行物理、化学、机械性能等内在质量检验时，应请专业检验部门进行化验和测定，并记录。

包装检验：包装检验是在初步验收时进行的，主要查看包装有无浸湿、油污、破损、变形等异常情况，其次是查看包装是否符合相关标准要求，包括选用的材料、规格、制作工艺、标志、填充方式等。

为了确保入库货物的质量，在验收前需要对验收的标准予以确认。通常根据以下几项标准进行检验：

（1）依据采购合同或订购单规定的条件进行验收；

（2）以比价或议价时的合格样品作为验收的标准；

（3）依据采购合同中的规格或图纸作为验收标准；

（4）根据各种产品的国家质量标准作为验收标准。

2. 货物验收的方式

由于货物的种类、性质、价值等因素各不相同，在入库验收时可以结合需求选择全检或抽检的方式。

（1）全检。

全检即全部检验，主要针对数量验收，或是对批量小、种类杂、型号多、价值高的货物所采用的验收方法。全检是一项耗费人力、物力、财力和时间的作业，在组织时要注意做好充分的准备以及各环节的比例性和均衡性。

（2）抽检。

抽检即抽样检验，是借助于统计学的原理，从总体中抽选出一定量的样本作为检验的对象，并以样本的检验结果作为评价总体质量水平的依据。抽检结果会受到所选样本的直接影响，在确定抽样方法和抽样数量时，首先要结合货物的性质、特点、价值、生产条件、包装情况、运输工具、气候条件等综合因素，利用统计学假设检验的方法确定在不同期望水平下抽取样本的数量和方法。在获取检验结果时，还要避免出现“弃真”和“取伪”的现象。弃真是指本来货物的质量达到了验收标准，但由于随机选取的样本质量偏低，没有达到标准，就拒绝接收全部货物；取伪是指本来货物总体的质量不合格，但由于随机抽取的样本质量合格就认为货物全部合格，同意接收。

3. 验收的方法

（1）视觉检验。

在充足的光线下，利用视觉观察货物的状态、颜色、结构等表面状况，检查有无变形、破损、脱落、变色、结块等情况以判定质量。

（2）听觉检验。

通过摇动、搬运操作、轻度敲击听取声音，以判定货物的质量。

（3）触觉检验。

通过触摸判断货物的细腻度、光滑度、黏度、柔软程度等，判定其质量。

（4）嗅觉、味觉检验。

通过货物特有的气味、滋味，测定、判定货物质量，判断有无串味损害。

（5）测试仪器检验。

利用各种专用测试仪器进行货物性质的测定。如含水量、密度、黏度、成分、光谱等。

（6）运行检验。

对货物进行运行操作，如电器、车辆等，检查其操作功能是否正常。

4. 验收结果的处理

（1）合格货物的处理。

验收合格的货物，应在外包装上贴“合格”标签，以示区别，仓库工作人员可根据货物标识办理合格品入库定位手续，并在每日工作结束时，对处理的货物数量进行汇总记录。

（2）不合格货物的处理。

不符合验收标准的货物，应在外包装上贴“不合格”标签，并在验收报告上注明不合格原因，报告相关主管请示处理方法，妥善处置。

（3）数量超额的处理。

经验收，若发现交货数量大于订购量，原则上超出部分应予以退回。但以重量或长度计算的货物，其超交量在3%以下时，可在验收单上的备注栏内注明超交数量，并请示相关负责人，经其同意后予以接收。

（4）数量短缺的处理。

经验收，若发现数量未达到订购量时，原则上应要求供应商予以补足，经采购部门负责人同意后，可采用财务方式解决。

对于验收不合格的货物，可采取退货、维修或折扣的方式予以处理，为了迅速地做出处理决定，可以参考表3－4进行决策。

表 3 –4　　货品验收处理程序

货物验收的情况		a. 货物数量正确吗？	b. 质量检验合格吗？	c. 能维修吗？	d. 供应商愿意支付维修费吗？	e. 物流中心急需这批货吗？	决策的类别	f. 退回这批货物	g. 使用这批货物，但寻找新供应商	h. 维修缺陷并接收	i. 寻找紧急供应商
问题形态	1	○	○	○	○	○	决策选择			√	
	2	○	○	○	○	●				√	
	3	○	○	●		○		√			
	4	○	○	●		●		√			
	5	○	○	○		○				√	
	6	○	○	○		●		√			
	7	○	●			○		√			√
	8	○	●			●		√			
	9	●	○	○		○				√	
	10	●	○	○		●		√			
	11	●	○	●		○			√		
	12	●	○	●		●		√			
	13	●	●			○			√		
	14	●	●			●		√			

注：○ = 是　● = 否　√ = 采取此项行动。

货物验收使用的单据包括货物验收单（见表 3 –5）、入库检验表（见表 3 –6）、入库验收报告单（见表 3 –7）。

表 3 –5　　货物验收单

订单编号：　　　　　　　　验收单编号：　　　　　填写日期：　　　年　　月　　日

<table>
<tr><td rowspan="2">货物编号</td><td rowspan="2">货物名称</td><td rowspan="2">订单货量</td><td colspan="2">规格符合</td><td rowspan="2">单位</td><td rowspan="2">实收数量</td><td rowspan="2">单价</td><td rowspan="2">总金额</td></tr>
<tr><td>是</td><td>否</td></tr>
<tr><td></td><td></td><td></td><td></td><td></td><td></td><td></td><td></td><td></td></tr>
<tr><td></td><td></td><td></td><td></td><td></td><td></td><td></td><td></td><td></td></tr>
<tr><td rowspan="2">是否分批交货</td><td rowspan="2">□是
□否</td><td rowspan="2">检查</td><td colspan="2">抽样____%不良</td><td rowspan="2">验收结果</td><td rowspan="2">1.
2.</td><td>验收主管</td><td>验收员</td></tr>
<tr><td colspan="2">全数____个不良</td><td></td><td></td></tr>
<tr><td rowspan="3">总经理</td><td colspan="4">财务部</td><td colspan="4">仓储部</td></tr>
<tr><td colspan="2">主管</td><td colspan="2">核算员</td><td colspan="2">主管</td><td colspan="2">收货员</td></tr>
<tr><td colspan="2"></td><td colspan="2"></td><td colspan="2"></td><td colspan="2"></td></tr>
</table>

表 3－6　　入库检验表

编号:　　　　　　　　　　　　　　　　　　　　　填写日期:　　　年　　月　　日

<table>
<tr><td>货物名称</td><td colspan="2"></td><td colspan="2">型号/规格</td><td colspan="2"></td></tr>
<tr><td>供应商</td><td colspan="2"></td><td colspan="2">进货日期</td><td colspan="2"></td></tr>
<tr><td>订单数量</td><td colspan="2"></td><td colspan="2">验证数量</td><td colspan="2"></td></tr>
<tr><td>验证方式</td><td colspan="6"></td></tr>
<tr><td>验证项目</td><td colspan="2">标准要求</td><td colspan="3">验证结果</td><td>是否合格</td></tr>
<tr><td></td><td colspan="2"></td><td colspan="3"></td><td></td></tr>
<tr><td>检验结论</td><td colspan="6">□合格　　　　□不合格</td></tr>
<tr><td>复检记录</td><td colspan="6">1.
2.</td></tr>
<tr><td>检验主管</td><td colspan="2"></td><td>检验员</td><td></td><td>日期</td><td></td></tr>
<tr><td rowspan="2">不合格品
处置方法</td><td colspan="6">□拒收　　　□让步接收　　　□全检</td></tr>
<tr><td>批准</td><td colspan="3"></td><td>日期</td><td></td></tr>
<tr><td>备注</td><td colspan="6">客户的货品，其不合格品的处置由客户决定</td></tr>
</table>

表 3－7　　入库验收报告单

编号:　　　　　　　　　　　　　　　　　　　　　填写日期:　　　年　　月　　日

<table>
<tr><td>货物名称</td><td colspan="2"></td><td>数量</td><td colspan="3"></td></tr>
<tr><td>验收部门</td><td colspan="2"></td><td>验收人员</td><td colspan="3"></td></tr>
<tr><td>验收
记录</td><td colspan="2"></td><td>验收
结果</td><td colspan="3">□合　格
□不合格</td></tr>
<tr><td rowspan="2">入库记录</td><td>入库单位</td><td colspan="3">入库部门</td><td colspan="2"></td></tr>
<tr><td>主管经办</td><td></td><td>验收主管</td><td></td><td>验收专员</td><td></td></tr>
</table>

五、货物理货

根据不同存储区 SKU 的设定，食品 1 多穿立库系统存储单位 SKU 为“托”，每个托盘存储量为 100 箱，每层堆码 20 箱，堆码 5 层，入库 140 箱共需两个托盘，组托数量为 1.5 托；生活用品 1，托盘立库系统存储单位 SKU 为“托”，每个托盘存储量为 80 箱，每层堆码 20 箱，堆码 4 层，入库 120 箱共需两个托盘，组托数量为 1.5 托。

采用奇数层偶数层交叉排放的方式。

六、货物入库

仓配中心托盘式立库与循环搬运系统、多穿立库系统主要面向 MM 超市，仓配作业对象为食品和生活用品；料箱式立库系统主要面向 DD 大药房，仓配作业对象为药品。故入库任务 1 在多穿立库系统完成任务；入库任务 2 和入库任务 3 在托盘式立库与循环搬运系统完成任务；入库任务 4、入库任务 5 和入库任务 6 在料箱式立库系统完成任务。随机入库系统操作和指定入库系统操作如图 3 –9 和图 3 –10 所示。

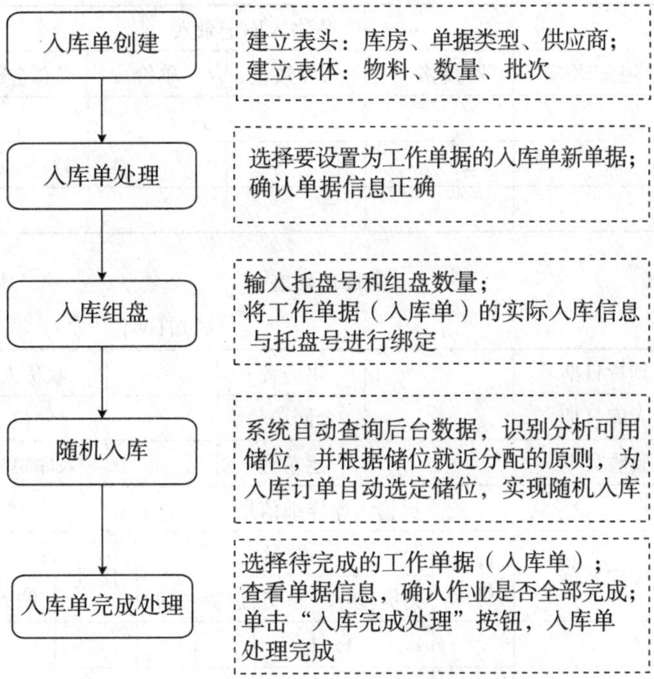

图 3 –9　随机入库系统操作

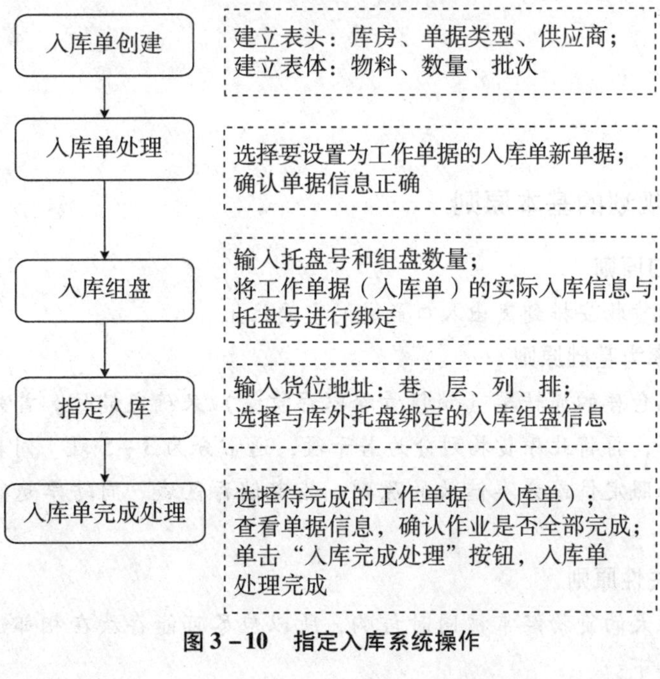

图 3 –10　指定入库系统操作

货物入库日报表和入库通知表如表 3 - 8 和表 3 - 9 所示。

表 3 - 8　　货物入库日报表

编号:　　　　　　　　　　　　　　　　　　入库日期:　　　年　　月　　日

<table>
<tr><td>货物检验人</td><td colspan="3"></td><td colspan="2">货物入库记录人</td><td colspan="2"></td></tr>
<tr><td>货物名称</td><td>生产厂家</td><td>规格</td><td>入库数量</td><td colspan="2">单价</td><td>总金额</td><td>仓库位置</td></tr>
<tr><td></td><td></td><td></td><td></td><td colspan="2"></td><td></td><td></td></tr>
<tr><td></td><td></td><td></td><td></td><td colspan="2"></td><td></td><td></td></tr>
<tr><td></td><td></td><td></td><td></td><td colspan="2"></td><td></td><td></td></tr>
</table>

表 3 - 9　　入库通知表

通知日期:　　　年　　月　　日

<table>
<tr><td rowspan="3">日期</td><td>到货日期</td><td colspan="2"></td><td colspan="2">供应商</td><td colspan="2"></td><td colspan="2">收货人</td><td colspan="2"></td></tr>
<tr><td>入库日期</td><td colspan="2"></td><td colspan="2">合同单号</td><td colspan="2"></td><td colspan="2">储位</td><td colspan="2"></td></tr>
<tr><td>验收日期</td><td colspan="2"></td><td colspan="2">运单号</td><td colspan="2"></td><td colspan="2">入库单号</td><td colspan="2"></td></tr>
<tr><td colspan="12">货物入库详细信息</td></tr>
<tr><td rowspan="2">货物编号</td><td rowspan="2">货物名称</td><td rowspan="2">计量单位</td><td colspan="5">数量</td><td rowspan="2">质量</td><td colspan="2">价格</td><td rowspan="2">说明</td></tr>
<tr><td>交货</td><td>多交</td><td>短交</td><td>退货</td><td>实收</td><td>购入</td><td>基本</td></tr>
<tr><td></td><td></td><td></td><td></td><td></td><td></td><td></td><td></td><td></td><td></td><td></td><td rowspan="3"></td></tr>
<tr><td></td><td></td><td></td><td></td><td></td><td></td><td></td><td></td><td></td><td></td><td></td></tr>
<tr><td></td><td></td><td></td><td></td><td></td><td></td><td></td><td></td><td></td><td></td><td></td></tr>
</table>

知识链接

一、储位规划的基本原则

1. 靠近出口原则

将刚到达的货物安排到离出入口最近的空储位上。

2. 以周转率为基础原则

按照货物在仓库的周转率（销售量除以存货量）来确定储位。首先将货物依周转率由大到小排序，再将此序货物列分为若干段，通常分为 3 ~ 5 段。同属于一段的货物列为同一级，依照定位或分类储放的原则，指定储存区域。周转率越高的货物应离出入口越近。

3. 产品相关性原则

产品相关性大的货物经常被同时订购，所以应尽可能存放在相邻位置。产品相关性储存的优点如下：

（1）缩短提取路程，减少作业人员工作量；

（2）简化清点工作；

（3）产品相关性大小可以利用历史订单数据进行分析。

4. 产品同一性原则

所谓产品同一性原则是指把同一货物存放于同一保管位置的原则。这种管理方式的效果显著。

仓库作业人员对于货物保管位置皆能熟知，使同一货物的存取搬运时间最短是提高配送中心作业生产率的基本原则之一。当同一货物分布于仓库内多个位置时，货物在储取作业时的不便可想而知，在盘点及工作人员对货架、货物进行作业时都会造成阻碍。因此，同一性原则是任何配送中心都应遵循的重点原则。

5. 产品类似性原则

产品类似性原则是指将类似品比邻保管的原则，此原则与同一性原则类似。

6. 产品互补性原则

互补性高的货物也应存放于邻近位置，以便缺货时可以迅速以另一品项替代。

7. 产品相容性原则

相容性低的货物绝不可以放置在一起，以免损害品质。如烟、香皂、茶不能放在一起。

8. 先进先出原则

先进先出是指先入库的货物先出库。此原则一般适用于保存期限短的商品，如感光纸、软片、食品等。

考虑库存管理的手段时，先进先出是必要的，但是如果产品品规变化小，产品保存期限长，保管时不易产生损耗、破损，则需要考虑先进先出的管理费用及采用先进先出得到的利益，将两者比较后，再决定是否要采用该原则。另外，对于食品或易腐败变质的货品，应考虑的是先到期先出货的原则。例如，进口货柜货物储存配销的情况，常会有先进货的反而保质期较长，而后进货的保质期较短的情况发生，此时快到保质期的货物要先出库，且保存期限剩余3~6个月的货物应考虑向原供应商退货或打折扣处理，以免后续因过期发生退货或因货品变质遭到客户投诉，影响整个作业进行。

9. 码高原则

码高原则就像堆积木将货物码高，以提高配送中心整体的保管效率。可利用托盘等工具将货物堆高来提高容积率。但值得注意的是，在严格要求先进先出的情况下，一味码高并非最佳的选择，应考虑使用合适的货架，比如采用阁楼式货架等保管设备来保证出货效率。

10. 面对通道原则

面对通道原则，即货物面对通道，作业人员很容易能看到可识别的标号、名称等。为了使货物的存取能够高效地进行，货物就必须面对通道来存放，这也是使配送中心能流畅及活性化的基本原则。

11. 产品尺寸原则

布置仓库时，要同时考虑货物单位大小及同一批货品的整体规格，以便能提供适当的空间满足某些特定需要。所以在存放货物时，储位必须有大小不同的位置变化，以容纳大小不同的货物。此原则的优点在于，若货物储存数量和位置适当，则搬运工作量及时间都能减少，提高分拣发货速度。

未考虑储存货物单位大小，将可能因储存空间太大而造成浪费，或者储存空间太小而无法存放。未考虑储存货物整批的规格，则可能造成因整批货物规格太大无法同处存放（数量太多）或整批货物规格太小而浪费储存空间（数量太小）。一般将体积大的货物存放于出入库比较方便的位置。

12. 重量特性原则

重量特性原则是指按照货品重量的不同来决定货物储存于保管场所的高低位置。

一般而言，重物应直接置于地面或货架的下层位置，重量轻的货物则保管于货架的上层位置。若是人工进行搬运作业，则人的腰部以下的高度用于保管重物或大型货品，腰部以上的高度则用来保管重量轻的货品或小型货品。此原则对于货架的安全性及人工搬运的效率性有很大意义。

13. 产品特性原则

产品特性不仅涉及货物本身的危险及易腐性质，也可能影响其他的货物，因此配送中心在布置设计时必须考虑这一点。现列举5种有关产品特性的基本储存方法。

（1）易燃品的储存。应在具有高度防护作用的建筑物内安装适当的防火设备，最好能独立分隔放置。

（2）易窃品的储存。应装在加锁的箱、柜或房间内。

（3）易腐品的储存。需要储存在冷冻、冷藏或其他特殊设备内，由专人作业和保管。

（4）易污损品的储存。可使用帆布套等覆盖。

（5）一般货品的储存。需要储存在干燥及管理良好的库房内，以应客户需要随时提取。

另外，彼此易互相影响的货品应分开放置。如饼干和香皂，容易串味；危险的化学药剂、清洁剂，也应独立隔开放置，且作业时应佩戴安全手套。此原则的优点是，不仅因产品特性有适当的储存设备保护，而且容易管理与维护。

14. 储位标识原则

储位标识原则，即对保管货品的位置给予明确标识。此原则的主要目的在于将存取单纯化，并减少其间的错误。尤其在临时工作人员、高龄作业人员较多的配送中心，此原则更有必要。

15. 明晰（标识）性原则

明晰（标识）性原则是指在视觉方面能让保管场所及保管品容易识别的原则。此原则还需要与储位标识原则、同一性原则及码高原则相吻合。例如，使用颜色看板、布条、标识符号等，能让作业人员一目了然，且能使人产生联想而帮助记忆。

良好的储放策略与指派原则配合，可大量减少存取货物所要移动的距离。然而，越复杂的储位指派原则需要功能越强的计算机管理系统相配合，通过先进的计算机管理系统可大大提高作业效率。

二、储位规划存储策略及操作

（一）储位规划存储策略

配送中心仓储区储存作业要考虑最大限度地利用空间，最有效地利用劳动力和设备，最安全经济地搬运货物，良好地保护和管理货物。良好的储存策略可以减少出入口的移动距离，缩短作业时间，充分利用储存空间。一般常见的储存策略如下。

1. 定位储存

（1）定位储存的原则。每种货物都有固定的储位，货物不能互相换用储位，因此需要规划每一种货物的储位容量，使其不得小于其潜在的最大库存量。

（2）定位储存的优点。每种货物都有固定的储存位置，容易管理；拣货人员容易熟悉货物储位；货物的储位可按周转率大小或出货频率来安排，以缩短出入库搬运距离，使搬运时间较少；可针对不同货物特性安排储位，从而将货物之间的不良影响降到最低。

（3）定位储存的缺点。储位必须按各货物的最大在库量设计，因此储区空间平时的使用效率较低。

（4）定位储存的应用。这种存储策略一般适用于以下情况：根据货物尺寸及重量安排储位；库房空间较大，多品种少批量货物的存储；不同物理、化学性质的货物须控制不同的保管储存条件，防止不同性质的货物互相影响；重要货物的保管，例如有的货物要求控制储存温度条件，易燃易爆物品必须存于一定高度并满足安全标准及防火条件的储位。

2. 随机储存

货物被指派的储存位置不是固定的，而是随机产生的。也就是说，任何品项可以存放在任何可利用的位置。此随机储存策略一般是储存人员按习惯来储存，且通常按货物入库的时间顺序储存于出入口的储位。较适用于库房空间有限、尽量利用储存空间的情况，以及储放种类较少或体积较大的货物。

（1）随机储存的优点。由于储位可共用，因此只需按所有库存货物最大库存量设计即可，储区空间的使用效率较高。一般而言，随机储存与定位储存相比较，可节省35%的移动储存时间并增加30%的储存空间。

（2）随机储存的缺点。货物的出入库管理及盘点工作的进行难度较高，周转率高的货物可能储存在离出入口较远的位置，增加了出入库的搬运距离；具有相互影响特性的货物可能相邻储存，造成货品的伤害或危险的发生，不利于货物的拣取作业。

3. 分类储存

（1）分类储存的原则。将所有的货物按照一定特性加以分类，每一类货物都有固定存放的位置，而同属一类的不同货物又按照一定的原则来指派储位。分类储存通常按产品相关性、流动性、产品尺寸、重量、产品特性来分类。

（2）分类储存的优点。便于畅销品的存取，具有定位储存的各项优点；各分类的储存区域可根据产品特性再做设计，有助于货物的储存管理。

（3）分类储存的缺点。储位必须按各货物最大库存量设计，因此储区空间的平均使用效率低；分类储存比定位储存具有弹性，但也有与定位储存同样的缺点。

（4）分类储存的适用情形。货物的相关性大，经常被同时订购；货物的周转率差别大；货物的尺寸差距大。

4. 分类随机储存

（1）分类随机储存的原则。每一类货物有固定存放的区域，但在各类货物的储区内，每个储位的指派是随机的，分类随机储存兼具分类储存及随机储存的特色，需要的储存空间介于两者之间。

（2）分类随机储存的优点。既可吸收分类储存和随机储存的部分优点，又可节省储位数量，提高储区利用率。由于储位可共用，因此只按所有库存货物最大在库量设计即可。

（3）分类随机储存的缺点。货物出入库管理特别是盘点工作较困难。周转率高的货物可能储放在离出入口较远的位置，增加了出入库的搬运距离；具有相互影响特性的货物可能相邻储存，造成货物的损坏或危险的发生。

5. 共同储存

这种方法是确切知道各货物进出库的时间时，不同货物只要相容，就可以共用相同的储位。这虽然在管理上会带来一定的困难，但是能减少储位空间的占用，缩短搬运时间，有一定的经济性。

在实际应用中，可能选择单一策略，也可能选择某几种策略的组合。一般而言，定位储存和分类储存更加贴近目前货物存储复杂的实际情况，是大多数信息系统较弱的企业的选择。但采用组合策略对企业的信息系统要求比较高。

配送中心的库存信息与各厂商的生产信息是紧密结合在一起的，所有的订货计划、到货指示和发货指示都是经上层的物料需求计划（Material Requirement Planning，MRP）发布的。MRP 及时管控物料库存的情况，可有效缓解因物料“齐套”引发的库存占用问题，解决外协生产能力与总体生产能力不平衡的问题。仓库的仓储管理系统执行 MRP 所发布的指令，利用条码技术和频射（Radio Frequency，RF）数据采集及无线网络传输系统实现物料收货、准时制（Just In Time，JIT）拉动、物料上架、物料下架、拣选出货、装车等库内作业。该配送中心采用了固定储存集中存储和分类储存随机存储相结合的策略，达到优化仓储作业效率，并合理利用存储空间的目的。

（二）储位规划的操作流程

1. 明确储位规划的目标

储位规划的第一步是明确工作目标。无论是何货物、何种储位规划项目，明确工作目标始终是第一项工作内容，它可以避免在后续工作中走弯路和无端的重复。进行储位规划的目标是通过储位调整提高工作效率，通常包括以下三个方面目标。

（1）缩短行走距离。这个目标不是指缩短某一次操作的行走距离，而是在一个衡量时期内缩短所有操作的行走总距离。

（2）平衡仓库员工工作量。出入库作业某种程度上是并行作业模式，合理的储位规划可以保证多任务的并行实施，平衡仓库员工工作量。作业时间跨度是货物的总搬运需求时间与实施作业的员工人数之比，通过并行作业模式和平衡员工工作量，可以有效缩短仓储作业时间跨度。

（3）缩短存放、提取货物时间。通过划分每一种货物的存取频率以决定其存放在储位上的纵向位置，即上下相对位置。

在实现规划目标过程中还需要考虑许多客观影响因素，包括货物重量、储位大小、平均拣货准确率要求等，以保证储位规划的顺利进行。

2. 分区分层规划储位

根据“提高作业效率”和“满足限制条件”的原则进行货位的规划调整，使各货物处于理想的货位。运用 ABC 分类法对货物进行出货频率分类，同时对仓库进行空间区域划分，二者结合起来进行统筹规划，再考虑把出货频率高的货物或重量大的货物放在易于拿取的货架层，出货频率低的货物或重量轻的货物放在较高或较低的货架层，从而确定每一种货物在仓库中的哪个货架及货架哪一层。

图 3－11 所示为货物出货频率 ABC 分类，将 A 类货品定义为存取频率最高的 1/3 货品品项，C 类货品为存取频率最低的 1/3 货品品项，而 B 类货品为存取频率居中的 1/3 货品品项。从图中可以看出，A 类货品的工作量比重约占总工作量的 75%，B 类货品的工作量约占总工作量的 20%，而 C 类货品的工作量仅占总工作量的 5%。

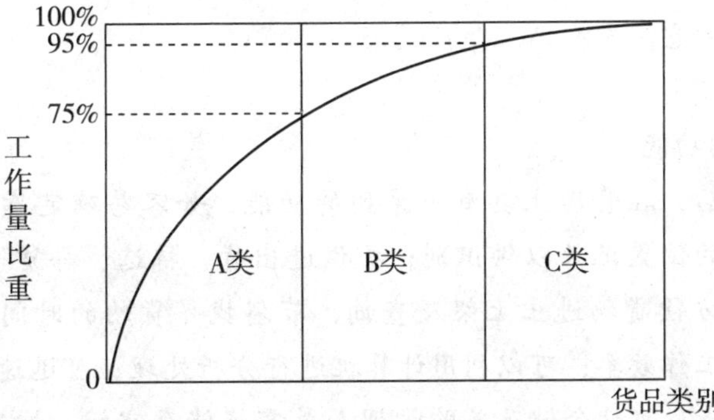

图 3－11　货物出货频率 ABC 分类

根据与出入口的距离划分区域。如图 3 – 12 所示，采用分区规划方法。

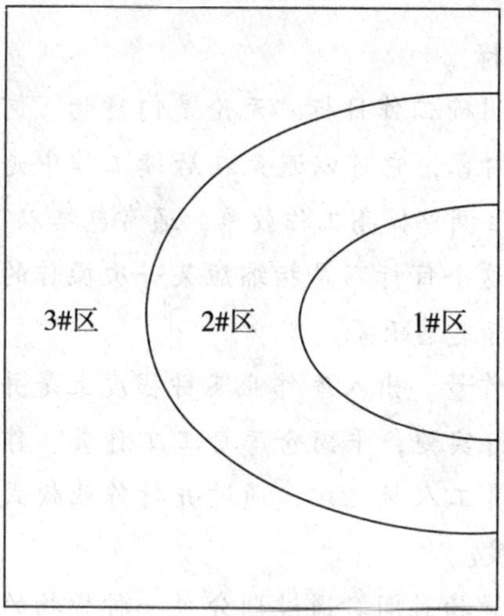

图 3 – 12　分区规划方法

根据与出入口的距离将仓库分为 3 个区域：1#区、2#区和 3#区。根据 A 类、B 类、C 类货品的特点，将 A 类货品放在 1#区，B 类货品放在 2#区，C 类货品放在 3#区。每一种货物具体应该放在什么位置还需要根据货物的重量与体积，参照规划原则而进行。当然，如果货物品种比较多时，可以对每一类货物进行二次 ABC 分类，从而进一步细化规划工作。

三、货位编码

明确规划好各储区货位后，开始经常使用这些位置。为了方便记忆与记录，货位编号、品项、序号、标签记号等用以识别的记录代码就非常重要，如果没有这些可识别区分的符号代码，记忆系统便无法运作。实际上，货位的编码就如货物的住址，而货物编号就如同货物的姓名，一封信（记忆系统）在住址、姓名都写清楚的条件下，才能迅速准确地送到收信人手中。也就是说每一种货物都要有一个地址及姓名，以便在需要时能马上找到它。

1. 货位编码

1）货位编码的功能

货位经过编码后，在管理上具有一系列的功能，如容易确定货位资料的正确性，能提供计算机相对的位置记录以供识别；提供进出货、拣选、补货等人员存取货物时需要的位置依据，方便货物进出上架及查询，节省找寻货物的时间，提高工作效率；提高调仓、移仓的工作效率；可以利用计算机进行分析处理；可迅速依序储存或拣选，一目了然；方便盘点；可让仓储及采购管理人员掌握储存空间，控制库存量；可避免货物乱放堆置而导致的过期报废。

2）货位编码的方法

考虑到保管区域和商品特征的差异，货位编码的方法一般有以下四种。

（1）区段方式。区段方式是把保管区域分割成几个区段，再对每个区段编码。此种编码方式是以区段为单位，每个号码所代表的货位区域很大，因此适用于容易单位化的货物，以及量大或保管周期短的货物。在 ABC 分类中的 A 类、B 类货品很适合这种编码方式。以物流量大小来决定货物所占的区段大小，以出入库频率来决定其配置顺序。

（2）品类群类别方式。品类群类别方式是把一些相关性货物经过集合以后，区分成多个品类群，再对每个品类群进行编码。这种编码方式适用于比较容易保管的商品群类别及品牌差距大的货物。例如服饰、五金货物。

（3）地址式。地址式是利用保管区域中已有的参考单位，例如库场的第几栋、第几保管区，以及排、行、层、格等，依照其相关顺序来进行编码。由于这些编码方式代表的区域通常以一个货位为限，且有顺序可依，使用起来明了又方便，是目前仓储中心使用最多的编码方式，受货位体积所限，适合一些量少或单价高的货物。

（4）坐标式。坐标式是利用空间概念来编排货位的方式，由于这种编排方式对每个货位空位切割细小，在管理上比较复杂，适用于流通率很小、需要长时间存放的货物，即一些生命周期较长的货物。

一般而言，由于储存货物的特性不同，适合的货位编码方式也不同，如何选择编码方式就得按照保管货物的储存量、流动率，保管空间布置及所使用的保管设备来做选择。不同的编码方式对管理的难易程度也有影响，必须综合考虑上述因素及信息管理设备，才能选用合适的编码方式，如果采用计算机管理，货位的编号就相对简单一些。

2. 货位编码的标识

在货物储存作业中，必须经标识的指引才能把货物迅速放入正确的货位。最重要的就是要协助引导取货作业，正确无误地取货并确保其数量。了解了货位编码及货物编号方法后，在灵活应用编码编号方法的基础上，在应用中还需要注意货位编码的标识问题，才能取得好的应用效果。

1）一般标识

一般情况下，有必要配合整理整顿来进行货位分类的标识，在每个货位（货架）上以大字明确地写上货品品项、货物编号、货位编码、条码等，以便容易地知道货物放在哪里。同时，保管空间的灯光是否明亮也是很重要的。若货物编号或货品品项写得太小，或所写的货品品项、货物编号相似，只是前后或中间稍有不同的话，就会很容易看错，影响到货物上架及拣（补）货、下架的准确率。

对于货品品项、货物编号非常接近的，可采用统一在每个货位（货架）的上方或下方横板上以大字写满这个货位（货架）的编号、品项，对于类似品项、编号在其不同处以红色标注，来达到醒目的目的。以加重区分的方式来强调差异点，不仅可避免在货物指派时放错位置，同时也能提高取货效率并防止错误的发生。若是货位（货架）上下方没有横杆可标注这些信息，也可以采用 10cm × 10cm 的纸板以大字把品项、编号等写在上方再将其贴于货位（货架）的角落，该标注不能妨碍货物的存取，这些都是现场很容易采用且很有效的标注方式。

2）暂存区标识

在储存货物时，通常应尽量避免在相同的货位编码中放置不同货物。如果由于空间限制不得不混用货位，在相同的货位编码中，应放置类似的货物，这也需要标识非常清楚。第二种特殊情况是在进出货暂存区，由于储存时间较短，为了更好地利用空间，其货位编码可以采用区段式，先依照历史资料，分析每批进出货的量，取一个估计量，再按照这个量，把暂存区分隔成数个区段，每个区段以有颜色的线标识区分，并在每个区段前方标上储区编号。由于货物在暂存区属于短时间存放，因此这个储区无法标上其品项、编号。所以，除了在每托盘货物上方贴上这些货物的品项、编号、数量等信息外，还应在暂存区前方最醒目的位置准备一块足够大的看板，在看板上依照暂存区的储区分隔布置方式，划分相等比例的区域，并标上相应的储区编号。一旦有货物放入暂存区，便在看板货位对应位置写上品项、编号、数量，而货物取出时便擦除，这样从看板上便可明确目前暂存区的存放情况，作为相关作业的参考依据。

3）动管储区标识

仓库内有时设置动管储区，主要是为了拣选方便，普遍采用流动货架。货架货物的供给方式是从货架前面取货、货架后面补货。虽然都会在流动货架前面贴上明确的品项、编号等标识，但补给货物的流动货架后方却未贴有任何标识，即使有时有一些简单指示，但是对于补货时的指派仍然帮助有限。因此动管储区的标识必须考虑补货的方便。应在流动货架后方粘贴标识，甚至连条码也应附上，供补货时用条码读取机扫描确认。

四、储位指派优化

根据仓库的现代化水平的差异，货物指派方式有所不同，可以通过人工进行货位指派，也可以完全由计算机进行。进行货位指派可以在出库时及时找到所需要的货物，提高作业效率。为了缩短出入库的路径，减少不必要的作业，需要进行货位优化，尽量少走弯路。

1. 货位指派模式

当储存空间、设备、货位编码等一切前置工作都就绪后，接下来便要考虑用何种方法把预备保管的货物指派到最适宜的货位上。例如，人工指派方式、计算机辅助指派方式或计算机全自动指派方式等。至于哪种方式最好，并不是绝对的，必须因地制宜，配合货物的货位储存单元来互相评量。

1）货位指派单元

由于进货量的大小或储存设备的使用种类不同，指派货物上架时会有数量大小不同的货位指派单元，大致可分为三种：①个别货位单元，表示每一货位的储存状况均列入管理状态；②纵深货位单元，表示以每道纵深的货位为一个管理单元，每单元以放置一种货物为原则，其储存状况均列入管理状态，涉及的主要储存设备为后推式货架、驶入式货架、流动式托盘货架等；③区域货位单元，表示以客户单一货物的“最常进货批量”“最适宜进货批量”或“最小进货批量”为公倍数，设置一个储区作为管理单元，每区域单元货位以放置一种货物为原则，其储存状况均列入管理状态。

2）货位指派方式

货位指派方式依信息化使用程度可分为三种。

(1) 人工指派方式。人工指派货位凭借的全是管理者的头脑，因为人脑指示会受主观驱使，加上管理者本身对货位管理的相关经验与应用程序的认知不同，都会使指派情况受到影响，效率便会大打折扣。另外，虽然人工指派可依据报表行事，但报表仍由人来记录或读取，所以因笔误或者视觉错误而扰乱货位秩序的事也时有发生。人工指派方式的优点是计算机及相关设备投入少，而且人工指派货位的调配弹性大。但是这种方法易因作业人员情绪而影响效率，且出错率高，总体效率一般且信息化程度差，此外还需要投入大量人力，成本高，且过分依赖管理者的经验，从而执行效率差。

人工指派若想成功，首要的问题是指派决策人员必须熟记货位指派原则并灵活运用。其次，仓储人员必须确实遵守指派决策者的指示（最好能以书面方式指示，避免口头交代），将货物存放于指定的货架上，并且一定要把指派上架的结果记录在货位表单上。还需要注意，仓管人员每完成一个货位指派的内容后，必须如实记录这个货位的内容，货物因补货或拣选从货位移出后也要将其删除。为了简化工作，可利用计算机及一些自动读取设备，如条码扫描读取机等。

(2) 计算机辅助指派方式。计算机辅助指派方式是利用一些图形监控软件，收集在库货位信息后，及时地转换显示在库的各货位使用情况，以供货位指派决策者及时查询，作为货位指派的参考。因其由人工下达货位指派指示，故仍须调仓作业。

(3) 计算机全自动指派方式。计算机全自动指派方式利用图形监控及货位管理软件，收集在库货位信息及其他入库指示后，经计算机运算来下达货位指派指示。因其由计算机自动下达货位指派指示，任何时段的货位使用状况都是理想的，故不须调仓作业。

在货位管理中，以计算机指派货位，凭借的是控管技术。自动读取或识别设备读取资料，是利用无线电或网络，再配合货位监控或货位管理软件来控制货位的指派，由于这两种方式的资料输入/输出均以条码读取机扫入，故错误率低，且一切控制均为即时控制方式。资料扫读后，通过无线电或网络即刻把获取的信息传回，其中货位的搬移布置用软件设立，按照制定的规则一一执行，绝不会有人为的主观影响，因此在执行效率上远胜人工指派方式。其优点是不受人为因素影响、效率高，资料输入/输出错误率低。但是这种指派方式的设备费用高，维护困难。

3）货位指派管理方式

不同的货位指派方式适用性不同，表 3-10 列出了货位指派管理方式及其适用性。

表 3-10　　货位指派管理方式及其适用性

货位指派管理方式	个别货位单元	纵深货位单元	区域货位单元（储区）
人工指派方式	不适合	不适合	适合
用计算机建立货物货位管理文档，以人工管理指派货位	不适合	勉强可用	适合
应用计算机辅助人工管理指派货位	勉强可用	适合	适合
计算机全自动管理指派货位	适合	适合	适合

2. 货位优化

货位优化是指在货物当前位置的基础上，基于 SKU 和预想不到的变化因素，对货位进行重新配置，以保证货位分布总是处在较为合理的状态，达到提高拣选效率和降低仓库操作成本的目的。

货位优化的内因是 SKU 变动因素，即根据货架和货物本身特性的需要进行货位调整。例如，由于频繁地对某些货物进行存取，这些货箱的重量可能发生较大变化。如果货架出现诸如“上重下轻”等严重不均衡的现象，则可能导致货架变形甚至倾覆。因此应遵循“重物在下”的原则，以保证货架的稳定性。

货位优化的外因是各种预想不到的变化因素，即根据货物的流动性进行货位调整。在不同时期，货物的需求品种、需求数量和需求频率可能会有较大变化，而存取不同货位上的货物所走路径和花费时间也是不同的，因而总成本根据外界条件的变化而变化，定期对若干货位进行交换。

1）货位优化的意义

货物在仓库中的初始位置是由前面所述的货位储存策略配合货位分配原则来确定的，重新进行优化的意义主要在于提高仓储工作效率，降低成本。

首先，在区域配置上，尽量将黄金区域配置给拣取频率高的货物，从而实现最大化拣选效率及最小化拣选成本。所谓黄金区域，就是指那些容易进行搬运、拣选工作的区域。仓库黄金区域的位置取决于很多因素，比如月台的位置、订单的分析结果，以及拣选路径等。对于自动化的托盘存取系统，仓库黄金区域通常由靠近地面的 20% 的区域和靠近出货月台的 20% 的区域组成；而对于以人力为主的拣选系统，从工效学的角度考虑，黄金区域由操作人员腰部附近 20% 的区域组成，在这个区域内操作人员无须弯腰或踮脚、登高。所谓拣取频率高的货物，就是指流动性强的货物。一般而言，拣选频率最高的货物应该放置于最便于拣选的区域，这样能缩短拣选作业中的移动时间，加快拣选作业，提高订单的处理效率。

其次，遵循货位分配和指派原则进行工作，可以明显提高效率。基于货物的尺寸和货箱、托盘的标准尺寸来确定存取量，可以明显减少补货过程所需的劳动。将拣选量大的货物平均分配在不同拣选区域，避免某区域内过于拥挤，改善工作流程，缩短对订单的总反应时间。为了使货物的损害最少，在拣选路径上，重的货物放在前面，易破损的货物放在后面。另外，可以遵循一些基本法则，如将相似的产品分开，以降低拣取错误的概率；将相关性大的货物存放在相邻位置，以提高拣选效率等。

2）货位优化的基本步骤

货位优化往往需要应用一定的分析工具、数学方法和信息手段等来进行，通常按照以下步骤进行。

(1) 收集所需的基础信息，用以分析货物的历史数据、需求、前置时间、周转率和操作特性等，为确定合理货位提供参考。

收集仓库内货位特性资料、货物需求资料和产品文件等资料。如果信息化管理程度较高，相关数据就可以从仓储管理系统或 ERP 中获得。根据这些数据，分析货物需求的季节性变化规律、SKU 长期增长或淘汰变化等物流特性资料。货物的流动性可以根据每个品类销售的次数、销售量、销售量预测和库存量等数据来考评。如果品类时常改变而且没有任何的历史数据，那么可以使用销售量预测来代替历史数据。

(2) 确定货位优化的目标和约束。货位优化的最终目标就是降低成本、提高效率，这可以通过提高生产率和减少不必要的作业来实现。货位优化的目标可以是多个，如平衡操作者的工作量、提高拣选效率、减少补货工作量、缩短拣选距离等，货位优化是一个多目标决策问题，需要注意各目标利益的平衡。货位优化的约束，是指货位优化中必须考虑的客观限制条件，如货物重量、货位大小、拣选准确率要求等。在进行货位优化的过程中，必须兼顾提高作业效率和满足限制条件这两个方面。

(3) 确定算法。多目标优化的方法有很多，如何选择合适的算法来保证货位分布处在较为合理的状态，是货位优化系统设计中最关键的环节。

(4) 软件实现。运用适当的语言将算法表达出来，调试并测试，使系统为仓库提供有效的货位优化结果。

第四章　仓配中心客户关系管理实务

学习目标

知识目标

1. 了解物流客户关系管理的含义、大客户的定义及特征；

2. 理解物流客户分类依据和物流客户分类的运作策略；

3. 掌握物流客户分级的含义、作用、意义，对不同级别客户的管理策略，客户档案数据的基本内容，客户数据库的建设、分析和利用。

能力目标

1. 能够对物流客户的利润数据进行统计分析；

2. 能够根据客户档案数据对物流客户评价建立指标体系，并对客户进行合理评价，划分客户级别；

3. 能够根据客户综合评价结果，合理采用管理策略，对不同级别客户实施物流客户关系管理。

任务发布

物流客户就是物流企业的服务对象，物流客户一般是物流产品或服务的最终接受者，体现为供应链上的客户关系。物流客户服务是指物流企业为促进其产品或服务的销售，发生在客户与物流企业之间的互相活动。它是以货主的委托为基础，进行独立的物流业务活动，或者说是按照货主的要求，为消除其货物在空间和时间上的间隔而进行的劳动。物流行业是一个典型的服务行业，物流配送作为物流的关键环节，其客户满意程度决定了物流企业的生存能力，为与客户建立良好的长期关系，赢得客户的信任和满意，就需要物流企业维护客户资源，提高客户满意度。

DD 大药房在北京市区内有近 220 家门店，北物仓配中心负责其中 10 家门店的配送业务。同时在供应链运营管理上，DD 大药房将这 10 家客户门店管理工作外包给仓配中心。请根据客户档案（见图4－1）和第一个月客户利润月报表（见图4－2），对DD大药房的10个门店客户进行客户关系管理，为仓配业务工作提供依据。

<table>
<tr><td>客户编号</td><td colspan="2">2018346834</td><td>门店名称</td><td colspan="2">门店10</td><td>助记码</td><td>DYL</td></tr>
<tr><td>门店性质</td><td>自营</td><td>所属行业</td><td>零售</td><td>注册资金</td><td>600万元</td><td>经营范围</td><td>药品</td></tr>
<tr><td>法定代表</td><td>李华</td><td>地址</td><td colspan="2">北京市西城区××路36号</td><td>联系方式</td><td colspan="2">010－12637278</td></tr>
<tr><td>证件类型</td><td>营业执照</td><td>证件编号</td><td colspan="2">1201087543986××</td><td>营销区域</td><td colspan="2">华北地区</td></tr>
<tr><td>公司地址</td><td colspan="3">德宝新园×号楼</td><td>邮编</td><td>100468</td><td>联系人</td><td>赵峰</td></tr>
<tr><td>办公电话</td><td colspan="2">010－2874972</td><td>传真号码</td><td colspan="2">010－28259426</td><td>电子邮箱</td><td>Lyyhy@163.com</td></tr>
<tr><td>开户银行</td><td colspan="3">浦发银行</td><td>银行账号</td><td colspan="3">53578997649××</td></tr>
<tr><td>信用额度</td><td>88万元</td><td>忠诚度</td><td>较高</td><td>满意度</td><td>较高</td><td>应收账款</td><td>67.8万元</td></tr>
<tr><td>客户类型</td><td colspan="3">伙伴型</td><td>客户级别</td><td colspan="3"></td></tr>
<tr><td colspan="8">备注：</td></tr>
</table>

图4－1　客户档案

门店名称	利润（元）
门店1	13400
门店2	9800
门店3	36700
门店4	15000
门店5	3000
门店6	7990
门店7	96540
门店8	44000
门店9	5420
门店10	75430

图4－2　客户利润月报表

任务实施

根据客户档案表，挑选关于客户档案关键信息：门店性质、信用额度、忠诚度、满意度、应收账款、客户类型和客户级别等。目前，客户级别一栏尚未确定，需要进一步分析。通过对各门店客户利润进行分析，从而确定客户级别。

任务1　客户利润统计分析

按照7:2:1的原则对客户进行ABC分类法分析，如图4-3所示。

	A	B	C	D	E	F	G	H	I	J
1	序号	门店名称	第一个月	第二个月	第三个月	第四个月	总利润	利润百分比	累计利润百分比	
2	1	门店7	96540	95768	86368	81687	360363	27.34%	27.34%	
3	2	门店10	75430	98334	87374	95458	356596	27.05%	54.39%	
4	3	门店8	44000	49030	57090	43129	193249	14.66%	69.04%	
5	4	门店3	36700	50002	69049	37204	192955	14.64%	83.68%	B
6	5	门店1	15000	10636	12039	11018	48693	3.69%	87.38%	
7	6	门店4	13400	7675	15935	9657	46667	3.54%	90.92%	
8	7	门店6	7990	6712	8259	9329	32290	2.45%	93.36%	
9	8	门店9	5420	6275	9145	9341	30181	2.29%	95.65%	C
10	9	门店5	3000	7684	9427	8747	28858	2.19%	97.84%	
11	10	门店2	9800	4637	8838	5159	28434	2.16%	100.00%	
12							1318286	1		

图4-3　客户利润ABC分类法分析

累计利润百分比在0~70%的门店为A类客户；累计利润百分比在70%~90%的门店为B类客户；累计利润百分比在90%~100%的门店为C类客户。

由ABC分类法分析结果可知，门店7、门店10、门店8为A类客户，这类客户为仓配中心提供的利润空间最高，确定客户级别为A级；门店3、门店1为B类客户，这类客户为仓配中心提供的利润空间居中，确定客户级别为B级；门店4、门店6、门店9、门店5、门店2为C类客户，这类客户为仓配中心提供的利润空间最低，确定客户级别为C级。

ABC分类法是在分类分析问题中经常使用的方法，但ABC分类法只根据一种标准把项目划分为A、B、C三类，明显忽视了其他重要指标，在客户关系管理问题中，此方法不能全面综合地对客户进行评价。

针对这种情况，可以采用综合评分法对客户进行综合评价。

任务2　客户评价指标体系建立

综合评分法是通过打分对根据品质划分等级的项目进行量化处理，可用来进行定性排序问题的综合评价。其核心内容是对评价的不同等级赋予不同的分值，并以此为基础进行综合评价。其顺序如下。

（1）确定评价项目，即哪些指标采取此法进行评价。

（2）制定评价等级和标准。先确定各项评价指标统一的评价等级或分值范围，然后确定每项评价指标每个等级的标准，以便打分时掌握。这项标准一般是定性与定量相结合，也可能是定量为主，也可以是定性为主，根据具体情况而定。

（3）制定评分表。评分表包含所有的评价指标及其等级区分和打分。

（4）根据指标和等级打分。评价者收集和指标相关的资料，给评价对象打分，填入表格。打分的方法一般是先对某项指标达到的成绩做出等级判断，然后进一步细化，在这个等级的分数范围内打一个具体的分数。往往要对不同评价对象进行横向比较。

（5）数据处理和评价。

①确定各单项评价指标得分。

②计算各组的综合评分和评价对象的总评分。

③评价结果的运用。将各评价对象的综合评分，按原先确定的评价目的予以运用。

在客户档案中选取门店性质、忠诚度、满意度、客户级别和客户类型为评价指标，对这些指标进行评分，建立客户评价指标体系，如表4－1所示。

表4－1　客户评价指标体系

	门店性质	忠诚度	满意度	客户级别	客户类型
直营	0.5				
自由连锁	0.3				
加盟连锁	0.2				
高		0.5	0.5		
较高		0.3	0.3		
一般		0.2	0.2		
A类				0.5	
B类				0.4	
C类				0.1	
伙伴型					0.5
重点型					0.4
普通型					0.1
总计	1	1	1	1	1

注：针对各评价指标的评分总计都为1。

任务3　客户评价

对客户进行归一赋值法评价，进行客户关系管理，为仓配分拣工作提供依据，如图4－4所示。

可知对客户进行综合评价的结论：门店7、门店3与门店8的综合评分最高，可作为长期战略合作伙伴，推断其在分拣工作安排中，可以优先保证订单完成率；客户门店5的综合评分最低，可进行一般管理或者考虑中断合作关系。

序号	门店名称	门店性质	忠诚度	满意度	客户类型	客户级别	评分
1	门店7	0.1	0.5	0.5	0.5	0.5	2.1
2	门店3	0.2	0.5	0.5	0.5	0.4	2.1
3	门店8	0.5	0.3	0.3	0.5	0.5	2.1
4	门店4	0.1	0.5	0.3	0.4	0.1	1.4
5	门店9	0.1	0.3	0.3	0.4	0.1	1.2
6	门店10	0.2	0.2	0.2	0.1	0.5	1.2
7	门店1	0.2	0.2	0.2	0.1	0.4	1.1
8	门店6	0.3	0.2	0.3	0.1	0.1	1.0
9	门店2	0.1	0.2	0.5	0.1	0.1	1.0
10	门店5	0.1	0.2	0.3	0.1	0.1	0.8

图4－4　门店赋值排序结果

任务4　客户优先级排序

用层次分析法进一步进行客户评价，确定客户排序。

对客户进行排序，是为了把重点放在为企业提供80%利润的关键客户上，为他们提供上乘服务，提高他们的满意度，从而维系他们对企业的忠诚度；同时积极提升各级客户在客户金字塔中的级别，放弃劣质客户，使企业资源与客户价值得到有效的平衡。对于图4－4，门店7、门店3与门店8的归一赋值法评分都是2.1分，所以仍须对这三家门店的排序进一步确定。由于归一赋值法具有一定的局限性，得到的排序结果不够精准，所以采取层次分析法对客户信息数据做进一步分析。该方法将定量分析与定性分析相结合，用决策者的经验判断各衡量目标能否确定标准的重要程度，并合理地给出每个决策方案的标准的权数，利用权数求出各方案的优劣次序，有效地用于那些难以用定量方法解决的社会系统问题和公共决策问题。

一、建立指标体系和递阶模型

仓配中心门店客户排序问题涉及三个层次：目标层、准则层和方案层。目标层的因素为确定最优客户门店，准则层的因素为客户档案表中的门店性质、忠诚度、满意度、客户类型和客户级别，方案层的因素为门店3、门店7与门店8。

将问题包含的因素分组，每组作为一个层次，按照最高层、若干有关的中间层和最底层的形式排列起来，如图4－5所示。

二、面向目标层构造判断矩阵

面向目标层，对准则层的门店性质、忠诚度、满意度、客户类型和客户级别因素的相对重要性进行两两比较，并给出判断。这些判断用数值表示出来，写成矩阵，即所谓的判断矩阵。由于层次结构模型中有许多数据难以通过统计方法获得。因而，采用专家打分法或1~9标度法对同属一级的要素以上一级的要素为准则进行两两比较，

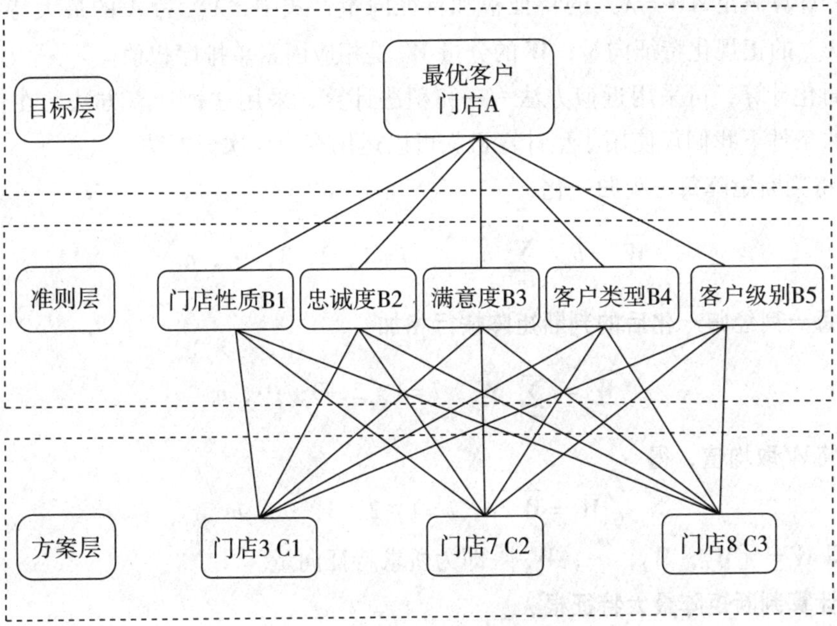

图4－5　递阶的层次结构模型

根据评价尺度确定其重要性，以此来构造两两比较判断矩阵。

运用专家打分法对上述层次结构模型中处于同一层次的各个指标进行两两比较构造判断矩阵，计算指标权数：

A	B1	B2	B3	B4	B5
B1	1	1/2	1/3	1/3	1/4
B2	2	1	1/2	1/2	1/3
B3	3	2	1	1	1/2
B4	3	2	1	1	1/2
B5	4	3	2	2	1

$$\boldsymbol{A} = \begin{pmatrix} 1 & 1/2 & 1/3 & 1/3 & 1/4 \\ 2 & 1 & 1/2 & 1/2 & 1/3 \\ 3 & 2 & 1 & 1 & 1/2 \\ 3 & 2 & 1 & 1 & 1/2 \\ 4 & 3 & 2 & 2 & 1 \end{pmatrix}$$

三、利用两两比较法计算指标权数

层次单排序是指根据判断矩阵中同一层次因素对于上一层次因素某因素相对重要性的排序权值。层次单排序可以归结为计算判断矩阵的特征根和特征向量，即对判断

矩阵 $\boldsymbol{A}$，计算满足 $\boldsymbol{AW}=\lambda_{max}$ 的特征根和特征向量，式中，λ_{max} 为 $\boldsymbol{A}$ 的最大特征根；$\boldsymbol{W}$ 为对应 λ_{max} 的正规化特征向量；$\boldsymbol{W}$ 的分量 $\boldsymbol{W}_i$ 是相应因素单排序权值。

为简化计算，可采用近似方法——和积法计算，采用这种计算方法，在保证足够精确度的条件下我们仅使用小型计算机就可以运用客户层次分析法。

1. 将判断矩阵每一列归一化

$$\overline{W}_{ij}=b_{ij}/\sum_{i=1}^{n}b_{ij},\ i,\ j=1,\ 2,\ 3,\ \cdots,\ n \tag{4-1}$$

2. 每一列经归一化后的判断矩阵按行相加

$$\overline{W}_i=\sum_{j=1}^{n}\overline{W}_{ij},\ i=1,\ 2,\ 3,\ \cdots,\ n \tag{4-2}$$

3. 将 $\overline{W}_i$ 取均值，得

$$W_i=\overline{W}_i/n,\ i=1,\ 2,\ 3,\ \cdots,\ n \tag{4-3}$$

所得 $\boldsymbol{W}=[\boldsymbol{W}_1,\ \boldsymbol{W}_2,\ \cdots,\ \boldsymbol{W}_n]^T$ 即为所求特征向量。

4. 计算判断矩阵最大特征根 λ_{max}

$$\lambda_{max}=\sum_{i=1}^{n}\frac{(\boldsymbol{AW})_i}{\boldsymbol{W}_i} \tag{4-4}$$

式中，$(\boldsymbol{AW})_i$ 为向量 $\boldsymbol{AW}$ 的第 i 个分量。

所以，对矩阵 $\boldsymbol{A}$ 进行列向量归一化：

$\overline{W}$	0.076923	0.058824	0.068966	0.068966	0.096774
	0.153846	0.117647	0.103448	0.103448	0.129032
	0.230769	0.235294	0.206897	0.206897	0.193548
	0.230769	0.235294	0.206897	0.206897	0.193548
	0.307692	0.352941	0.413793	0.413793	0.387097

并求最大特征根：

$\boldsymbol{W}$	0.074090	$\boldsymbol{AW}$	0.371719
	0.121484		0.609367
	0.214681		1.082133
	0.214681		1.082133
	0.375063		1.894602

$$\lambda_{max}=5.033170$$

四、判断矩阵一致性检验

判断矩阵是各层次各因素之间进行两两比较相对重要性而得来的。一方面是由于客观世界的复杂性和人们认识问题的多样性，另一方面是由于 n 个元素两两比较时并没有固定的参照物，那么人们在进行比较时就有可能有一些违反常识的判断，具体如下。

1. 次序不一致的判断

如果人们判断 A > B（表示 A 比 B 重要），B > C，而 C > A（按逻辑应该是 A > C）。

2. 基本不一致的判断

如果人们判断 A 的重要性是 B 的 3 倍，B 的重要性是 C 的 2 倍，当 A 与 C 再进行比较时又认为 A 的重要性是 C 的 4 倍（按逻辑应该是 A 的重要性是 C 的 6 倍）。

当这种违背逻辑的判断出现时判断矩阵就不完全一致了，我们允许不完全一致，但要求判断矩阵具有大体的一致性，所以需要进行一致性检验。

（1）计算一致性指标 CI：

$$CI = \frac{\lambda_{\max} - n}{n-1}$$

可得，$CI = 0.008293$。

（2）为判断矩阵的最大特征值，计算一致性比率 CR：

$$CR = \frac{CI}{RI}$$

其中 RI 是自由度指标，如表 4 – 2 所示。

表 4 – 2　1 ~ 9 阶矩阵的平均随机一致性指标

阶数	1	2	3	4	5	6	7	8	9
RI	0.00	0.00	0.58	0.90	1.12	1.24	1.32	1.41	1.45

得 $RI = 1.12$，$CR = 0.007404$。

当 $CR < 0.1$ 时，认为判断矩阵的一致性可以接受，否则应调整矩阵中的元素，直到判断矩阵具有满意一致性为止。

3. 计算结果

根据计算结果，我们可以得出各准则之间的相对重要性依次如下：

B5—客户利润级别因素，权重值为 0.375063；

B3—满意度因素，权重值为 0.214681；

B4—客户类型因素，权重值为 0.214681；

B2—忠诚度因素，权重值为 0.121484；

B1—门店性质因素，权重值为 0.074090。

（1）门店性质因素。

DD 大药房的连锁经营具有三种形式：直营连锁（RC）、自由连锁（VC，也称自愿式加盟）、加盟连锁。

直营连锁指总公司直接经营的连锁店，即由公司总部直接经营、投资、管理各个零售点的经营形态。直营连锁的主要特点是所有权和经营权集中统一于总部。其所有权和经营权的集中统一表现在：所有成员企业必须是单一所有者，归一个公司、一个联合组织或单人所有；由总部集中领导、统一管理，如人事、采购、计划、广告、财务和经营方针都集中统一；实行统一核算制度；各直营连锁店经理是雇员而不是所有者；各直营连锁店实行标准化经营管理。

自由连锁是由不同资本的多数店铺自发组织成总部，实行共同进货、配送的连锁经营形式。各加盟店在保留单个资本所有权的基础上实行联合，总部同加盟店之间是协商、服务关系。集中订货和统一送货，统一制定销售战略，统一使用物流及信息设施。各加盟店不仅独立核算、自负盈亏、人事自主，而且在经营品种、经营方式、经营策略上也有很大的自主权，但要按销售额或毛利的一定比例向总部上交加盟金及指导费。总部经营所得利润也要部分返还各加盟店。

加盟连锁是指主导企业把自己开发的产品、服务的营业系统（包括商标、商号、经营技术、营业场所和区域），以营业合同的形式，授予加盟店在规定区域内的经销权或营业权。

（2）忠诚度因素。

客户忠诚度是指客户因为接受了仓配中心物流的服务，满足了自己的需求而对品牌或物流供应（服务）产生的心理上的依赖及行为上的追捧。客户忠诚度是客户忠诚营销活动的中心结构，是消费者对产品感情的量度，反映出一个消费者转向另一品牌的可能性。尤其是当该产品在价格上或在产品特性上有变动时，随着客户忠诚度的增加，消费者受到竞争行为的影响程度将降低。所以客户忠诚度是反映消费者的忠诚行为与未来利润相联系的产品财富组合的指示器，因为客户忠诚度能直接转变成未来的销售量。

DD 大药房的客户忠诚度表现为对仓配中心的理念、行为和视觉形象的高度认同；再次发送订单时对物流服务的重复购买行为；对仓配中心物流服务的未来消费意向。

（3）满意度因素。

客户的满意程度越高，则该门店对物流服务的购买越多，对仓配中心的忠诚度越高。大量的有关客户满意度和忠诚度的研究也支持如下的观点：无论行业竞争情况如何，客户忠诚度都会随着客户满意度的提高而提高。可以说，客户满意度是影响顾客忠诚度的最重要因素之一。

（4）客户类型因素。

从关系的重要程度看，DD 大药房的客户门店主要分为三类：伙伴型客户门店、重点型客户门店和普通型客户门店。

伙伴型客户门店是能够给企业带来最大价值的前1%的客户门店。往往是物流服务的重要客户门店，他们对仓配中心忠诚，是仓配中心客户资源中最稳定的部分。他们为仓配中心创造了绝大多数和长期的利润，仓配中心向其支付的服务成本较低。他们对价格不敏感，还可以帮助介绍新客户，节省开发新客户的成本。伙伴型客户门店是最有吸引力的一类客户门店，仓配中心拥有伙伴型客户门店的多少，决定了其在市场上的竞争地位。

重点型客户门店，是除伙伴型客户门店以外给仓配中心带来最大价值的前20%的客户门店，一般占客户总数的19%。重点型客户门店，可能是物流产品或者服务的大量使用者，也可能是中度使用者，但是他们对价格的敏感度比较高，因而为仓配中心创造的利润和价值没有伙伴型客户门店那么高，他们也没有伙伴型客户门店那么忠诚，为了降低风险他们会同时与多家同类型的仓配中心保持长期合作关系。

普通型客户门店，是除伙伴型客户门店与重点型客户门店之外为仓配中心创造价值最大的前50%的客户门店，一般占总客户数的30%。包含的客户数量较大，但他们的购买力、忠诚度及带来的价值却远不如前两类客户门店。

（5）客户级别因素。

客户门店利润贡献度是指通过对客户门店收入和客户门店成本的严格定义和分类，以一套完整的核算体系计量出某客户或客户组群在某时段内为企业带来的利润。客户门店利润贡献度是一个短期的、某一时点上的和基于历史分析的概念。尚未盈利，但具有成长潜力的客户门店很容易被忽视。这就要求仓配中心必须以战略思维审视客户门店整个生命周期的盈利潜力。也许在现阶段，某个客户门店还不能为仓配中心带来大量利润，但随着时间的推移，该客户可能会给仓配中心带来大量利润。此因素的权重数最低，在各准则之间的相对重要性的排序靠后，说明仓配中心对客户级别因素的考虑过程中考虑到了客户门店的终身价值这一关键问题。

五、面向准则层和方案层的指标权重分析

面向准则层的不同评价目标，对方案层的门店3、门店7和门店8的相对重要性进行两两比较，得到判断矩阵：

***B*1**	C1	C2	C3
C1	1	1	1/7
C2	1	1	1/7
C3	7	7	1

***B*2**	C1	C2	C3
C1	1	1	5
C2	1	1	5
C3	1/5	1/5	1

***B*3**	C1	C2	C3
C1	1	1/2	1/5
C2	2	1	1/3
C3	5	3	1

***B*4**	C1	C2	C3
C1	1	1/2	5
C2	2	1	4
C3	1/5	1/4	1

***B*5**	C1	C2	C3
C1	1	1/2	5
C2	2	1	3
C3	1/5	1/3	1

对各判断矩阵进行列向量归一化：

***B*1**			
	0.111	0.111	0.111
$\overline{W}$	0.111	0.111	0.111
	0.778	0.778	0.778

***B*2**			
	0.455	0.455	0.455
$\overline{W}$	0.455	0.455	0.455
	0.091	0.091	0.091

***B*3**			
	0.125	0.111	0.130
$\overline{W}$	0.250	0.222	0.217
	0.625	0.667	0.652

***B*4**			
	0.313	0.286	0.500
$\overline{W}$	0.625	0.571	0.400
	0.063	0.143	0.100

B5			
$\overline{W}$	0. 313	0. 273	0. 556
	0. 625	0. 546	0. 333
	0. 063	0. 182	0. 111

特征向量、最大特征根和一致性检验如下：

B1	
W_1	0. 111 0. 111 0. 778
λ_{max}	3. 0000
CR	0. 0000

B2	
W_2	0. 455 0. 455 0. 091
λ_{max}	3. 0000
CR	0. 0000

B3	
W_3	0. 122 0. 230 0. 648
λ_{max}	3. 0037
CR	0. 0017

B4	
W_4	0. 366 0. 532 0. 102
λ_{max}	3. 0949
CR	0. 0424

B5	
W_5	0.380
	0.501
	0.119
λ_{max}	3.1646
CR	0.0735

六、计算综合评价结果

门店3、门店7和门店8相对于总目标的权值如下：

$$(W_1, W_2, W_3, W_4, W_5)(W)$$

可得，

W_1	W_2	W_3	W_4	W_5		W
0.111	0.455	0.122	0.366	0.380		0.074
0.111	0.455	0.230	0.532	0.501		0.121
0.778	0.091	0.648	0.102	0.118	×	0.215
						0.215
						0.375

最终评分如表4-3所示。

表4-3　三个门店的权值

门店名称	最终权值
门店3	0.31088
门店7	0.41502
门店8	0.27411

计算结果表明，各门店之间的相对目标层的重要性依次如下：

C2——门店7，权重值为0.41502；

C1——门店3，权重值为0.31088；

C3——门店8，权重值为0.27411。

这三家门店排序中，C2门店权重最高，C1门店次之，C3门店最低。C2门店评级最高，C3门店评级最低。

七、结论

对于归一赋值评分结果相同的门店3、门店7和门店8，采用层次分析法。通过梳理相关因素，建立递阶的层次结构模型，运用专家打分法依次对各层次的各个指标进行两两比较构造判断矩阵，计算指标权数，从而实现对三家客户门店的评价和排序。对于归一赋值评分结果相同的门店9和门店10、门店6和门店2，同样采用层次分析法，得到最终客户门店的优先级排序，如表4－4所示。

表4－4　层次分析法门店排序结果

序　号	客户名称
1	门店7
2	门店3
3	门店8
4	门店4
5	门店10
6	门店9
7	门店1
8	门店2
9	门店6
10	门店5

客户门店排序分类的结果，对仓配中心有效识别物流服务客户、合理配置仓配中心资源、提供物流个性化服务、巩固核心物流客户市场等方面，有着很大的指导意义。

知识链接

一、物流客户关系管理的含义及客户分类依据

（一）物流客户关系管理的含义

物流客户关系管理是在客户关系管理理念的框架基础上，将其手段和技术具体应用在物流领域。它包括对企业的相关部门及其外部客户——业务伙伴之间发生的从产品或服务设计、原材料和零部件采购、生产制造、包装配送，直到终端客户全过程中的客户服务管理。

物流客户关系管理就是把物流的各个环节作为一个整体，从整体的角度进行系统化的客户关系梳理，在物流企业的层面选择企业的客户，不断优化客户群，并为之提供精细化服务。这样就可以超越各个环节的局部利益，排除各个环节的局限和它们之间的目标冲突，协调物流各个环节的活动，从而得以实现商品实体运动的优化管理。物流客户关系管理是在客户需求的拉动下，为了增强物流竞争力而借助信息技术和管

理技术，将业务伙伴的业务流程相互集成，实现产品设计、原材料采购、产品制造、仓储配送、分销与零售集成化，并进行优化管理，进而实现客户价值最大化的管理模式。这种管理模式实际上是一种“客户拉动”的管理模式，也就是以客户服务、客户满意为价值取向的模式。客户需求是现代物流的起点和动力，客户需求的满足也是现代物流的终点和企业目标的实现，其重要性在于客户价值大于产品本身的价值。所以，物流客户管理协调物流企业，通过积极合作经营而获得利润。处理好物流客户关系管理首先就要了解客户的需求，反应迅速，满足个性化需求，在此基础上通过规模的扩大来提高利润，而不仅仅是通过压缩成本机械地增加利润。因此，这也是“有效客户需求反以客户为中心”转变过程中的必然产物，它使物流企业的关注焦点从企业内部运作扩展到与客户的关系上来。

（二）客户分类依据

客户分类是一项非常具体且难度很大的工作，物流企业可以利用营业收入指标、资信状况指标、市场份额指标、客户经营状况指标等对客户进行评价，得出客户规模和客户信用等级的分类依据。

1. 营业收入指标

客户的营业收入指标是指物流企业为其客户提供运输服务的运输总额。这个指标主要是从运量上对客户加以识别。例如，某物流企业可以做出如下确认，年运输收入总量在500万元以上的客户为大型客户；年运输收入总量在100万~500万元的客户为中型客户；年运输收入总量在50万~100万元的客户为小型客户；年运输收入总量在50万元以内的客户为零星客户。物流企业可以以此指标确定客户规模。

2. 资信状况指标

物流企业可以参照目前国际通行的资信评价标准对客户进行指标分类。例如，某物流公司的客户资信状况可以分为4级，即很好、较好、一般、较差。除此以外的企业归为无信誉类别。客户资信评价如表4-5所示。

表4-5　客户资信评价

资信级别	年内资金回收率	最长付款周期（天）	资信评价
A	90%~100%	45	很好
B	75%~90%	75	较好
C	60%~75%	105	一般
D	30%~60%	255	较差
E	0~30%	>270	无信誉

3. 市场份额指标

市场份额指标是按客户所占的市场份额对客户进行分类的指标，市场份额越高，意味着客户越稳定，反之越不稳定。

4. 客户经营状况指标

客户的经营状况指标能够反映客户的信用等级，是对客户性质评价的重要描述，也是客户关系管理中对客户进行分类时需要特别注意的一个重要参考指标。事实上，客户的经营状况及客户所处的发展阶段在一定程度上影响着公司的获利情况。物流企业可根据客户经营状况的不同将其分为以下4个信用等级：特级客户——经营状况良好，有稳定的盈利；一级客户——经营状况一般，保持收支平衡或略有盈利；二级客户——经营状况一般，有亏损，但是总体业绩呈上升趋势；三级客户——经营状况较差，有亏损，并且没有好转的趋势。物流企业可以根据客户规模和客户信用等级指标来研究客户分类方法问题。但是，客户分类方法并不是固定的，可以根据客户数据库的信息，通过分析模块和自动报表生成模块来进行任意分类，并完成分类结果的生成与输出。

二、客户分级

（一）客户细分与客户分级

1. 客户细分

根据市场营销理论，客户细分是按照一定的标准（年龄、性别、收入、职业、地区等）将企业的现有客户划分为不同的客户群，同属一个客户群的客户特征相似。这种细分方法虽然简单易行，但难以直接反映客户对企业的价值和客户关系的阶段，难以指导企业维持客户关系和实施有效的客户关系管理，难以提高客户的满意度和忠诚度。

2. 客户分级

客户分级是企业依据客户对企业的不同价值和重要程度，将客户区分为不同的层级，从而为企业的资源分配提供依据。对客户进行分级有利于针对不同类型的客户进行客户分析，分别制订客户服务策略。

客户分级的方法是预先给定类别，如将客户分为高价值客户和低价值客户，或者分为长期固定客户和短期偶然客户等。然后确定对分类有影响的因素，将具有相关属性客户的数据提取出来，选择合适的算法（如决策树、神经网络等）对数据进行处理，从而得到分级规则，经过评估和验证后就可将规则应用在未知类型客户上，对客户进行分级。

例如，银行在长期的金融服务中，积累了大量的数据信息。银行将这些信息资源整合起来，在数据库里建立完整的客户信息。在客户信息中，大批客户可能在存款、贷款或使用其他金融服务上具有极高的相似性，因而形成了具有共性的客户群体。经过聚类分析，银行可以发现他们的共性，掌握他们的投资理念，向其提供有针对性的服务，进而引导他们的投资行为，提高银行的综合服务水平。通过客户分级，银行可以准确地把握现有客户的状况，采取不同的服务、推销和价格策略来稳定有价值的客户，转化低价值的客户，消除没有价值的客户。

（二）客户分级的原因

1. 不同的客户带来的价值不同

经验表明，每个客户能给企业创造的收益是不同的，对企业来讲，有些客户比另一些客户更有价值。国外的一份统计资料显示，23%的成年男性消费了啤酒总量的81%，16%的家庭消费了蛋糕总量的62%，17%的家庭购买了79%的速溶咖啡。也就是说，大约20%的客户消费了产品总量的80%，其余80%客户的消费量只占该产品总量的20%。

1897年，意大利经济学家维尔弗雷多·帕累托发现经济及社会生活中无所不在的“二八法则”，即关键的少数和次要的多数比例约为2∶8，80%的结果往往取决于20%的因素。对企业来说，80%的收益来自20%的高贡献度的客户，即少量的客户为企业创造了大量的利润，其余80%的客户就是微利、无利，甚至是负利。

由此可见，客户有大小，贡献有差异。每个客户带来的价值是不同的，有的客户提供的价值可能比其他客户高10倍、100倍，甚至更多，而有的客户则不能给企业带来利润，甚至还会吞噬其他客户带来的利润。

例如，美国大通银行根据客户的不同贡献将其所有的客户分为以下五级。

（1）蓝色客户，每年能为银行提供500万美元的综合效益。

（2）绿色客户，每年能为银行提供300万美元的综合效益。

（3）红色客户，需求比较单一，盈利少，却是银行的忠诚客户。

（4）转移客户，需求复杂，却不能给银行带来很大利润。

（5）清退客户，基本上不能给银行带来利润，甚至使银行亏损。

2. 不同价值的客户分配不同的资源

现实中很多企业对待客户一律平等，无论是大客户，还是小客户。虽然每个客户的重要性不容低估，但由于各个客户为企业创造的价值不同，而企业的资源又有限，把资源平均分配到每个客户上的做法既不经济也不切合实际，让带来价值少，甚至不带来价值的小客户享受与带来高价值的大客户同样的待遇，还会在一定程度上造成企业资源的浪费，导致企业成本增加，利润降低。因此，企业没有必要为所有的客户提供同样卓越的产品或服务。

3. 不同价值的客户需求不同

每个客户为企业带来的价值不同，他们对企业的需求和预期待遇也就会有差别。为企业带来较大价值的关键客户期望能得到有别于普通客户的待遇，如更优质的产品或服务以及更优惠的条件等。企业如果能区分出这部分利润贡献大的客户，然后为他们提供有针对性的服务，他们就有可能成为企业的忠诚客户，从而持续不断地为企业创造更多的利润。

例如，航空公司将客舱分为头等舱、公务舱和经济舱，每种客舱对应的客户都有不同的需求，同一客舱内客户的需求非常相似，可以将其视为一个群体，而不同客舱的客户需求差别非常大。航空公司通过不同的营销组合，如机票价格的差异、服务的差异来区别对待不同客舱的乘客。

4. 实现客户有效沟通从而提高客户满意度

应根据客户的不同采取不同的沟通策略。如果客户的重要性和价值不同，就应当根据这一点采取不同的沟通策略。如果企业能够区分出带来丰厚利润的、最有价值的客户，并且把更多的资源用在为他们提供优质的产品和服务上，就能够提高他们的满意度。企业应对客户进行分级，根据客户的级别实施不同的客户满意策略。

（三）客户分级方法——“客户金字塔”模型

企业将客户给企业创造的利润和价值按由小到大的顺序“垒”起来，就可以得到一个“客户金字塔”模型，给企业创造利润和价值最大的客户位于“客户金字塔”模型的顶部，给企业创造利润和价值最小的客户位于“客户金字塔”模型的底部，如图4－6所示，“客户金字塔”模型可分为四个层级：重要客户、次要客户、普通客户和小客户。

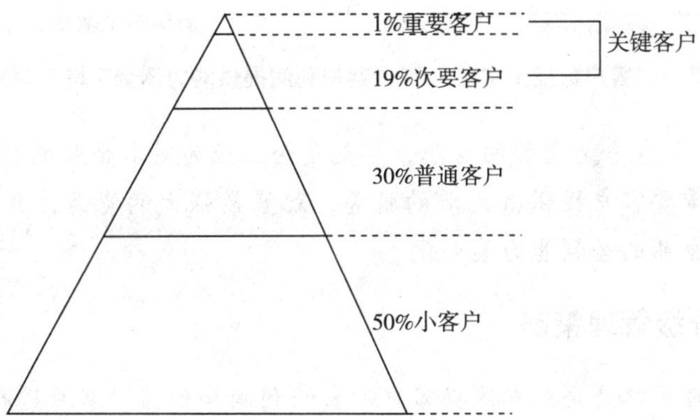

图4－6　客户金字塔

重要客户、次要客户一般又称为关键客户，他们是企业的核心客户，一般占企业客户总数的20%，企业80%的利润靠他们贡献，他们是企业的重点保护对象。

（1）重要客户，是客户金字塔中最高层的客户，是能够给企业带来最大价值的前1%的客户。重要客户往往是产品的重度用户，他们对企业忠诚，是企业客户资源中最稳定的部分，他们为企业创造了绝大多数和长期的利润，而企业的服务成本较低；他们对价格不敏感，还可帮助企业介绍客户，为企业节省开发新客户的成本。重要客户是最有吸引力的一类客户，企业拥有重要客户的多少，决定了其在市场上的竞争地位。

（2）次要客户，是除重要客户以外给企业带来最大价值的前20%的客户，一般占客户总数的19%。次要客户也许是企业产品或者服务的大量使用者，也许是中度使用者，但是他们对价格的敏感度比较高，因而为企业造成的利润和价值没有重要客户那么大，他们也没有重要客户那么忠诚，为了降低风险他们会同时与多家同类型的企业保持长期关系。

(3) 普通客户，是除重要客户与次要客户之外的为企业创造最大价值的前50%的客户，一般占总客户数的30%。普通客户包含的客户数量较大，但他们的购买力、忠诚度、带来的价值却远不如重要客户与次要客户。

(4) 小客户，是客户金字塔中最底层的客户，是为企业创造价值靠后的50%的客户。小客户的购买量不多，忠诚度也很低，偶尔购买，经常延期支付甚至不付款。他们还经常提出苛刻的服务要求，消耗企业的资源，他们有时是问题客户，会破坏企业的形象。

“客户数量金字塔”和“客户利润提供能力倒金字塔”，体现了客户类型、客户数量分布和客户创造利润能力之间的关系，如图4-7所示。

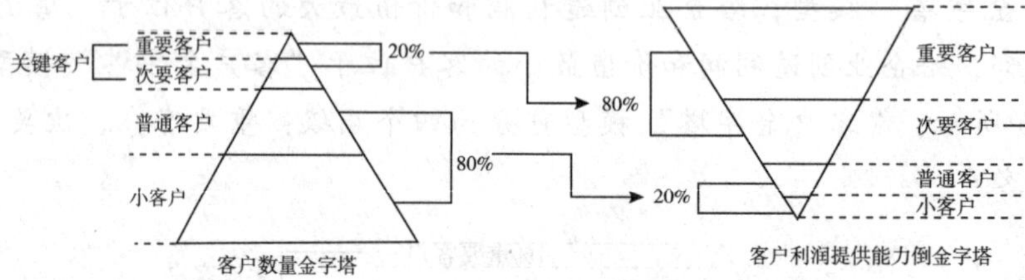

图4-7 “客户数量金字塔”和“客户利润提供能力倒金字塔”对应关系

“客户金字塔”包含着重要的思想，那就是企业应为对本企业的利润贡献最大的关键客户，尤其是重要客户提供最优质的服务，配置最强大的资源，并加强与这类客户的关系，从而使企业的盈利能力最大化。

三、客户分级管理策略

客户分级管理策略是企业在依据客户带来的利润和价值对客户进行分级的基础上，依据客户级别的不同而设计的不同的客户服务和关怀项目。

(一) 关键客户管理策略

关键客户是所创造的利润占整个企业总利润很大比例（约80%）的客户，是企业利润的基石，是企业可持续发展的重要保障。关键客户的管理在企业管理中处于重要的地位，关键客户的成功管理，对整个企业的经营业绩具有决定性的作用。

关键客户管理的目标是提高关键客户的忠诚度，并且在“保持关系”的基础上，进一步提升关键客户给企业带来的价值。

1. 集中优势资源服务于关键客户

关键客户对企业的价值贡献大，对服务的要求也比较高。为了进一步提高企业对关键客户的服务水平，企业要将有限的资源用在前20%的最有价值的客户上，用在能为企业创造80%利润的关键客户上。

为此，企业应该保证足够的投入，优先配置资源，加大对关键客户的服务力度，为关键客户提供个性化服务，提高关键客户的满意度和忠诚度。此外，企业还可实行VIP制，创建VIP客户服务通道，从而更好地为关键客户服务，这对拓展和巩固企业与关键客户的关系，提高关键客户的忠诚度，起到很好的作用。

2. 加强沟通和情感交流——密切双方关系

（1）定期拜访关键客户。

有良好业绩的企业营销主管每年大约有1/3的时间是在拜访客户中度过的，其中关键客户正是他们拜访的主要对象。对关键客户的定期拜访，有利于熟悉关键客户的经营动态，并且能够及时发现问题和有效解决问题，有利于与关键客户搞好关系。

在与客户的沟通中，可采取“分级沟通”。对重要客户，可每个月打一次电话，每季度拜访一次；对次要客户，每季度打一次电话，每半年拜访一次；对普通客户，每半年打一次电话，每年拜访一次；对小客户，则每年打一次电话。

（2）定期征求关键客户的意见。

征求关键客户的意见有助于增加关键客户的信任度。

例如，每年组织一次企业高层与关键客户之间的座谈会，听取关键客户对企业的产品、服务、营销、产品开发等方面的意见，以及对企业下一步的发展计划进行研讨等，这些都有益于企业与关键客户建立长期、稳定的战略合作伙伴关系。

（3）及时有效地处理关键客户的投诉。

客户的问题体现了客户的需求，无论是投诉还是抱怨，都是寻求答案的标志。处理投诉或者抱怨是企业向关键客户提供售后服务必不可少的环节之一。企业要积极建立有效的机制，优先、认真、迅速、有效及专业地处理关键客户的投诉或者抱怨。

（4）利用多种手段加强与关键客户的沟通。

企业要充分利用包括网络在内的各种手段，与关键客户建立快速、双向的沟通渠道，不断主动地与关键客户进行有效沟通，真正地了解他们的需求，甚至了解其客户的需求或者能影响他们购买决策的群体的偏好，只有这样才能够密切与关键客户的关系，促使关键客户成为企业的忠诚客户。

3. 成立关键客户服务机构

关键客户服务机构负责联系关键客户，为企业高层提供准确的关键客户信息，并根据关键客户的不同要求设计不同的产品和服务方案。关键客户服务机构还要利用客户数据库分析每位关键客户的交易历史，注意了解关键客户的需求和采购情况，及时与关键客户就市场趋势、合理的库存量进行商讨。此外，关键客户服务机构要关注关键客户的动态，强化对关键客户的跟踪管理，避免关键客户流失。

（二）普通客户管理策略

普通客户管理，主要强调提升级别和控制成本两个方面。

1. 将有升级潜力的普通客户升级为关键客户

对于有升级潜力的普通客户，企业可以通过引领、创造、增加普通客户的需求，来提高他们的贡献度。企业若能让普通客户购买更多产品或服务，就能获得更多的利润。为此，企业要设计鼓励普通客户消费的项目，如常客奖励计划，即对一次性或累计消费达到一定标准的客户给予相应级别的奖励，或者让其参加相应级别的抽奖活动等，以鼓励普通客户购买更多的产品或服务。

企业还可以根据普通客户的需要扩充相关的产品线，或者为普通客户提供“一条龙”服务，充分满足他们的潜在需求。例如，美国时装零售业巨头丽姿克莱本通过扩充产品线，开发了工作服、休闲服、超大号服装及设计师服装等系列产品，有效地增加了客户的购买量，从而实现了客户层级的提升。

对于有升级潜力的普通客户，企业要制订周密、可行的升级计划，通过自己的一系列努力使普通客户为企业创造更多的价值。

2. 针对没有升级潜力的普通客户，可减少服务降低成本

针对没有升级潜力的普通客户，企业可以采取“维持”战略，在资源上不增加投入，通过缩减对普通客户的服务时间、服务项目、服务内容等措施来降低交易成本。例如，航空公司用豪华轿车接送能带来高额利润的关键客户，而普通客户则没有此待遇。

（三）小客户管理策略

传统“二八法则”关注“二”，即少数的集中对象，而忽视“八”，即更多的大众对象。随着市场营销手段的不断进步及电子商务的飞速发展，企业逐渐开始对“二八法则”中80%的多数消费者重视起来。

2004年10月，美国《连线》杂志主编克里斯·安德森在一篇文章中首次提出“长尾理论”，即如果能够把大量市场价值相对较小的部分都汇聚起来将，可能创造更大的经济价值。“长尾理论”提示我们要重视包含大量中小客户的利基市场，还应具有相匹配的服务能力，在为“大客户”提供服务的同时，也要重视“小客户”的集体贡献。

1. 培养有升级潜力的小客户

企业应该对有升级潜力的小客户投入更多的精力，帮助其成长，挖掘其升级的潜力，从而将其培养成普通客户。

2. 对没有升级潜力的小客户，应当降低服务成本

研究结果显示，开发一个新客户的成本相当于维护5~6个老客户的成本，为此企业应珍惜现有的每一个客户，慎重对待每一个客户。

一些小客户虽然给企业带来的利润少甚至没有利润，但他们仍然为企业创造了规模优势，降低了企业成本。拥有一定数量的低价值客户是企业实现规模经济的重要保证，是企业保住市场份额、保持成本优势、遏制竞争对手的重要手段。

对没有升级潜力的小客户，企业不能简单地把他们淘汰，可以采取提高服务价格、降低服务成本的办法来获取小客户的价值。具体做法：①向小客户收取服务费，例如，香港汇丰银行对存款不足5000港元的储户每月征收40港元的服务费；②降低为小客户服务的成本，例如，从原来的每天服务改为每周提供一天服务；③运用更经济的方式提供服务，例如，从原来面对面的直接销售方式转为电话销售或由经销商销售，银行通过减少分支机构的数量，以及用ATM代替柜员，来降低服务成本。

3. 淘汰劣质客户

实践证明，并非所有客户都值得保留——劣质客户会吞噬、蚕食企业的利润，压缩、减少直至终止与其业务往来，可以减少企业利润损失，这样企业可以将有限的资源有效投入其他客户群中。例如，银行对信用状况差、没有发展前途的劣质客户采取停贷、清算等措施。

第五章 仓配中心配送实务

学习目标

知识目标

1. 理解销售量预测一元线性回归分析、移动平均线分析的概念和步骤；

2. 了解EIQ分析对订单处理的作用；

3. 理解订单处理的概念、作业流程和基本原则；EIQ分析的基本内容；EIQ图表分析；

4. 掌握EIQ订单处理的方法及基本步骤；EIQ订单变动趋势分析；

5. 掌握解决指派问题的匈牙利解法。

能力目标

1. 能够合理选择分析方法对销售数据进行预测；

2. 能够对出库任务单进行订单有效性分析，按优先策略对客户订单进行排序；

3. 能够通过EIQ分析方法对订单进行处理，确定合理的折单与合单策略；

4. 能够根据EIQ订单处理结果，选择合适的拣货方式、合理的拣货区域，保证订单完成率；

5. 能够根据AGV拣选系统要求，对分拣任务进行合理分配。

任务发布

2020年11月底，DD大药房按照市场营销计划，每月第一周对货品"维生素C泡腾片"进行线上促销活动。"维生素C泡腾片"近一个季度的销售量如表5-1所示。

表5-1　维生素C泡腾片季度销售量

周期	销售量（件）	周期	销售量（件）
第1周	380	第2周	240

续 表

周期	销售量（件）	周期	销售量（件）
第 3 周	250	第 8 周	328
第 4 周	260	第 9 周	535
第 5 周	428	第 10 周	427
第 6 周	309	第 11 周	430
第 7 周	322	第 12 周	435

同时由于新冠肺炎疫情的影响，货品“医用外科口罩”近一年的销售量激增，尤其是冬季即将到来，DD 大药房计划积极开展应急备货，以保证对线上第三方应用平台订单的供应。医用外科口罩近三年的销售量如表 5－2 所示。

表 5－2　　医用外科口罩近三年销售量

季节	销售量（件）	季节	销售量（件）
冬	15800	夏	13213
春	14404	秋	15286
夏	12925	冬	37350
秋	14600	春	35270
冬	16285	夏	34266
春	15009	秋	40138

在战略合作下，仓配中心运营部门将为客户 DD 大药房的维生素 C 泡腾片和医用外科口罩进行销售量预测，并根据预测结果，选择备货时间，及时按照要求进行备货，以保证未来一周期内的拣货配送订单满足率。

2020 年 11 月 30 日，仓配中心收到来自 DD 大药房各门店和 MM 超市市区配送站的配送订单（见样单 5－1 至样单 5－9），信息组根据客户名称、订单性质、金额、出库时间、货品品项和数量等信息，生成相应的仓配作业任务，发送至运营中心。运营中心根据业务类型，将作业任务向下按组分发。

来自 MM 超市的出库任务主要面向左安社区配送点和右安社区配送点，货品为上个月入库的生活用品 1 和食品 1，作业单位皆为“箱”。

来自 DD 大药房的出库任务主要面向各门店，货品为门店线上订货单品，作业单位为“件”或“箱”，订单性质为“正常”或“紧急”。

样单 5－1　　　　　　　　　　　　出库通知单 1

仓库名称：分拣仓库　　　　　　　　　　　　　　　　　　　2020 年 11 月 30 日

<table>
<tr><td colspan="2">订单号</td><td colspan="4">202011300601</td></tr>
<tr><td colspan="2">客户指令号</td><td colspan="2">202002010608</td><td>客户名称</td><td>门店 8</td></tr>
<tr><td colspan="2">出库方式</td><td colspan="2">派货</td><td>订单性质</td><td>正常</td></tr>
<tr><td colspan="2">出库时间</td><td colspan="4">2020 年 11 月 30 日</td></tr>
<tr><td>序号</td><td>货品条码</td><td>货品品项</td><td>数量</td><td>单位</td><td>金额
（元/单位）</td></tr>
<tr><td>1</td><td>6932010061822</td><td>金迪漱口水</td><td>3</td><td>件</td><td>15. 60</td></tr>
<tr><td>2</td><td>6932010061853</td><td>肠炎宁片</td><td>2</td><td>件</td><td>60. 00</td></tr>
<tr><td>3</td><td>6920907800171</td><td>复方鱼腥草合剂</td><td>5</td><td>件</td><td>220. 00</td></tr>
<tr><td>4</td><td>6932425987656</td><td>婴儿止咳糖浆</td><td>3</td><td>件</td><td>120. 00</td></tr>
<tr><td>5</td><td>6920855052068</td><td>奥美拉唑肠溶胶囊</td><td>1</td><td>件</td><td>20. 00</td></tr>
<tr><td>6</td><td>6921317958690</td><td>铝碳酸镁咀嚼片</td><td>2</td><td>件</td><td>160. 00</td></tr>
<tr><td>7</td><td>6942423987624</td><td>积雪苷霜软膏</td><td>4</td><td>件</td><td>200. 00</td></tr>
<tr><td colspan="3">合　计</td><td></td><td></td><td></td></tr>
</table>

备注：

样单 5－2　　　　　　　　　　　　出库通知单 2

仓库名称：分拣仓库　　　　　　　　　　　　　　　　　　　2020 年 11 月 30 日

<table>
<tr><td colspan="2">订单号</td><td colspan="4">202011300602</td></tr>
<tr><td colspan="2">客户指令号</td><td colspan="2">202002010604</td><td>客户名称</td><td>门店 4</td></tr>
<tr><td colspan="2">出库方式</td><td colspan="2">派货</td><td>订单性质</td><td>正常</td></tr>
<tr><td colspan="2">出库时间</td><td colspan="4">2020 年 11 月 30 日</td></tr>
<tr><td>序号</td><td>货品条码</td><td>货品品项</td><td>数量</td><td>单位</td><td>金额
（元/单位）</td></tr>
<tr><td>1</td><td>6944848456015</td><td>感冒清热颗粒</td><td>2</td><td>件</td><td>200. 00</td></tr>
<tr><td>2</td><td>6918010061360</td><td>红药胶囊</td><td>2</td><td>件</td><td>6. 00</td></tr>
<tr><td>3</td><td>6918010061360</td><td>红药胶囊</td><td>2</td><td>箱</td><td>60. 00</td></tr>
<tr><td colspan="3">合　计</td><td></td><td></td><td></td></tr>
</table>

备注：

样单 5－3　　**出库通知单 3**

仓库名称：分拣仓库　　2020 年 11 月 30 日

订单号	202011300603		
客户指令号	202002010603	客户名称	门店 3
出库方式	派货	订单性质	正常
出库时间	2020 年 11 月 30 日		

序号	货品条码	货品品项	数量	单位	金额（元/单位）
1	6932010061822	金迪漱口水	3	件	15.60
2	6942423987624	积雪苷霜软膏	4	件	200.00
3	6958786200067	安神补脑颗粒	1	件	59.90
4	6934848456092	小儿柴桂退热颗粒	3	件	10.00
5	6932010061808	葵花护肝宝	1	件	19.90
6	6932010061890	益母草颗粒	2	件	16.90
7	6982010061891	小儿肺热咳喘颗粒	2	件	12.00
8	6932010061780	小儿清肺化痰口服液	2	件	210.00
合　计					

备注：

样单 5－4　　**出库通知单 4**

仓库名称：分拣仓库　　2020 年 11 月 30 日

订单号	202011300604		
客户指令号	202002010610	客户名称	门店 10
出库方式	派货	订单性质	正常
出库时间	2020 年 11 月 30 日		

序号	货品条码	货品品项	数量	单位	金额（元/单位）
1	6932010061822	金迪漱口水	2	件	15.60
2	6942423987624	积雪苷霜软膏	2	件	200.00
3	6958786200067	安神补脑颗粒	4	件	59.90
4	6932010061853	肠炎宁片	3	件	60.00
5	6942425987629	小儿咳喘灵	3	件	6.80
6	6932010061877	小儿金银花露	4	件	18.90
7	6942425987624	胃康灵胶囊	2	件	21.90
8	6932010061884	小儿麦枣咀嚼片	2	件	5.60
9	6932010061780	小儿清肺化痰口服液	1	件	210.00
10	6918010061360	红药胶囊	8	箱	60.00
合　计					

备注：

样单 5－5 **出库通知单 5**

仓库名称：分拣仓库 2020 年 11 月 30 日

<table>
<tr><td colspan="2">订单号</td><td colspan="4">202011300605</td></tr>
<tr><td colspan="2">客户指令号</td><td colspan="2">202002010601</td><td>客户名称</td><td>门店 1</td></tr>
<tr><td colspan="2">出库方式</td><td colspan="2">派货</td><td>订单性质</td><td>正常</td></tr>
<tr><td colspan="2">出库时间</td><td colspan="4">2020 年 11 月 30 日</td></tr>
<tr><td>序号</td><td>货品条码</td><td>货品品项</td><td>数量</td><td>单位</td><td>金额
（元/单位）</td></tr>
<tr><td>1</td><td>6932010061780</td><td>小儿清肺化痰口服液</td><td>2</td><td>件</td><td>210.00</td></tr>
<tr><td>2</td><td>6918163010887</td><td>活血止痛胶囊</td><td>1</td><td>件</td><td>7.80</td></tr>
<tr><td>3</td><td>6932010061822</td><td>金迪漱口水</td><td>1</td><td>件</td><td>15.60</td></tr>
<tr><td>4</td><td>6958786200067</td><td>安神补脑颗粒</td><td>1</td><td>件</td><td>59.90</td></tr>
<tr><td colspan="3">合　　计</td><td></td><td>件</td><td></td></tr>
</table>

备注：

样单 5－6 **出库通知单 6**

仓库名称：分拣仓库 2020 年 11 月 30 日

<table>
<tr><td colspan="2">订单号</td><td colspan="4">202011300606</td></tr>
<tr><td colspan="2">客户指令号</td><td colspan="2">202002010605</td><td>客户名称</td><td>门店 5</td></tr>
<tr><td colspan="2">出库方式</td><td colspan="2">派货</td><td>订单性质</td><td>正常</td></tr>
<tr><td colspan="2">出库时间</td><td colspan="4">2020 年 11 月 30 日</td></tr>
<tr><td>序号</td><td>货品条码</td><td>货品品项</td><td>数量</td><td>单位</td><td>金额
（元/单位）</td></tr>
<tr><td>1</td><td>6932010061822</td><td>金迪漱口水</td><td>3</td><td>件</td><td>15.60</td></tr>
<tr><td>2</td><td>6932010061853</td><td>肠炎宁片</td><td>2</td><td>件</td><td>60.00</td></tr>
<tr><td>3</td><td>6920907800171</td><td>复方鱼腥草合剂</td><td>5</td><td>件</td><td>220.00</td></tr>
<tr><td>4</td><td>6932425987656</td><td>婴儿止咳糖浆</td><td>3</td><td>件</td><td>120.00</td></tr>
<tr><td>5</td><td>6920855052068</td><td>奥美拉唑肠溶胶囊</td><td>1</td><td>件</td><td>20.00</td></tr>
<tr><td>6</td><td>6921317958690</td><td>铝碳酸镁咀嚼片</td><td>2</td><td>件</td><td>160.00</td></tr>
<tr><td>7</td><td>6942423987624</td><td>积雪苷霜软膏</td><td>4</td><td>件</td><td>200.00</td></tr>
<tr><td>8</td><td>6918010061360</td><td>红药胶囊</td><td>2</td><td>件</td><td>6.00</td></tr>
<tr><td colspan="3">合　　计</td><td></td><td>件</td><td></td></tr>
</table>

备注：

样单 5－7　　**出库通知单 7**

仓库名称：分拣仓库　　2020 年 11 月 30 日

订单号		202011300607			
客户指令号		202002010607		客户名称	门店 7
出库方式		派货		订单性质	紧急
出库时间		2020 年 11 月 30 日			
序号	货品条码	货品品项	数量	单位	金额（元/单位）
1	6920907800171	复方鱼腥草合剂	2	件	220.00
2	6918010061360	红药胶囊	2	件	6.00
合　计					

备注：

样单 5－8　　**出库通知单 8**

仓库名称：分拣仓库　　2020 年 11 月 30 日

订单号		202001240308			
客户指令号		2020012413		客户名称	右安社区
出库方式		派货		订单性质	正常
出库时间		2020 年 11 月 30 日			
序号	货品条码	货品品项	数量	单位	金额（元/单位）
1	20205002	生活用品 1	40	箱	220.00
2	20205001	食品 1	100	箱	50.00
合　计					

备注：

样单 5－9　　**出库通知单 9**

仓库名称：分拣仓库　　2020 年 11 月 30 日

订单号		202001240309			
客户指令号		2020012413		客户名称	左安社区
出库方式		派货		订单性质	正常
出库时间		2020 年 11 月 30 日			
序号	货品条码	货品品项	数量	单位	金额（元/单位）
1	20205001	食品 1	40	箱	50.00
合　计					

备注：

任务实施

任务1 销售量预测

对维生素C泡腾片和医用外科口罩的销售量进行预测。

销售量预测是指对未来特定时间内，全部产品或特定产品的销售数量与销售金额的估计。销售量预测是在充分考虑未来各种影响因素的基础上，结合本企业的销售业绩，通过一定的分析方法提出切实可行的销售目标。需要强调的是，虽然预测销售量永远都是偏离实际销售量的，但根据科学的预测方法和切实的动态来调整预测参数，合理地减少预测销售量与实际销售量的偏离，便是销售量预测的目的。

维生素C泡腾片和医用外科口罩的销售量数据都来自第三方应用平台，根据第二章设备选型的结论可知，这两种货品的配送订单皆选择流利式货架拣选系统和AGV拣选系统进行拣选出库。

一、数据采集

维生素C泡腾片近一个季度的销售量如表5-3所示。

表5-3　维生素C泡腾片近一季度销售量

周期	编号	销售量（件）	周期	编号	销售量（件）
第1周	1	380	第7周	7	322
第2周	2	240	第8周	8	328
第3周	3	250	第9周	9	535
第4周	4	260	第10周	10	427
第5周	5	428	第11周	11	430
第6周	6	309	第12周	12	435

医用外科口罩近三年的销售量如表5-4所示。

表5-4　医用外科口罩近三年销售量

季节	编号	销售量（件）	季节	编号	销售量（件）
冬	1	15800	夏	7	13213
春	2	14404	秋	8	15286
夏	3	12925	冬	9	37350
秋	4	14600	春	10	35270
冬	5	16285	夏	11	34266
春	6	15009	秋	12	40138

DD 大药房对维生素 C 泡腾片的销售计划是在每月第一周开展促销活动，所以对于此货品的预测周期单位为“周”，而对医用外科口罩的销售计划是针对传染病容易暴发的冬季开展的，所以对于此货品的预测周期单位为“季节”。

二、数据分析

（一）维生素 C 泡腾片的销售量预测

1. 数据清洗

利用 EXCEL 对初始数据绘制离散图，如图 5－1 所示。

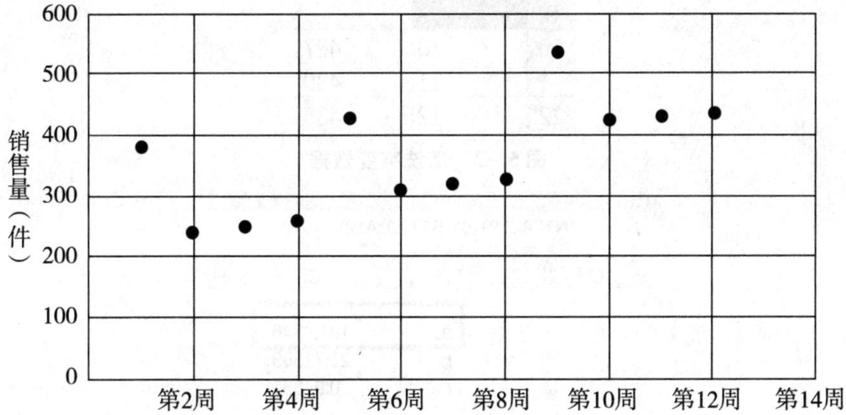

图 5－1　维生素 C 泡腾片销售量离散图

从图 5－1 中可见，维生素 C 泡腾片的销售量呈周期性，符合每月第一周促销带动销售量增加的情况。清洗突变数据（每月第一周销售量），可以观测到销售量数据呈线性递增趋势，所以选择线性回归法对第 13 周的销售量进行预测。线性回归法是利用线性回归方程的最小二乘函数对一个或多个自变量和因变量之间的关系进行建模的一种回归分析法。清洗突变数据如图 5－2 所示。

回归分析中，若只包括一个自变量 X 和一个因变量 Y，且二者的关系可用一条直线近似表示，这种回归分析称为一元线性回归分析。线性回归可以用来对观测数据集的 X 的值拟合出一个预测模型。当完成这样一个模型以后，对于一个新增的 X 值，在没有给定与它相配对的 Y 的情况下，可以用这个拟合过的模型预测出一个 Y 值。一元线性回归公式如下：

$$T_t = b + at \tag{5-1}$$

式中，T_t——预测销售量；

a，b——线性变化常量；

t——周期序号。

2. 应用 EXCEL 的统计分析

系数 a 的计算公式如图 5－3 所示。

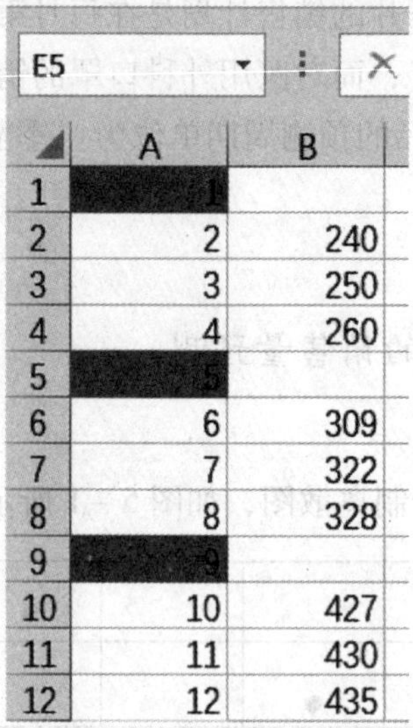

图 5－2　清洗突变数据

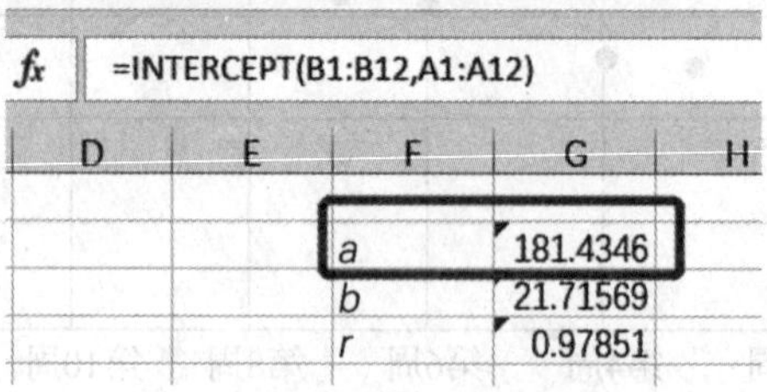

图 5－3　系数 *a* 的计算公式

利用现有的 X 值与 Y 值计算直线与 y 轴的截距，如图 5－4 所示。截距为穿过已知的 known_x's 和 known_y's 数据点的线性回归线与 y 轴交点的纵坐标，其中 known_y's 和 known_x's 是样本的平均值。当自变量为 0 时，使用 INTERCEPT 函数可以决定因变量的值。

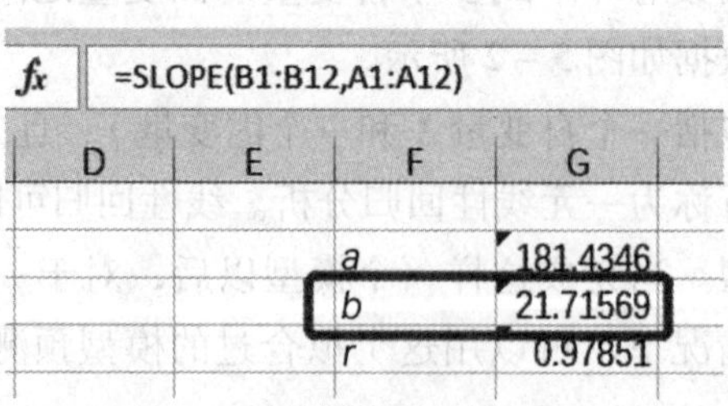

图 5－4　系数 *b* 的计算公式

返回根据 known_y's 和 known_x's 中的数据点拟合的线性回归直线的斜率。斜率为直线上任意两点的垂直距离与水平距离的比值，也就是回归直线的变化率。

函数格式：SLOPE（known_y's，known_x's）。

返回根据 known_y's 和 known_x's 中数据点计算得出的相关系数 r，以确定两种属性之间的关系，如图 5－5 所示。

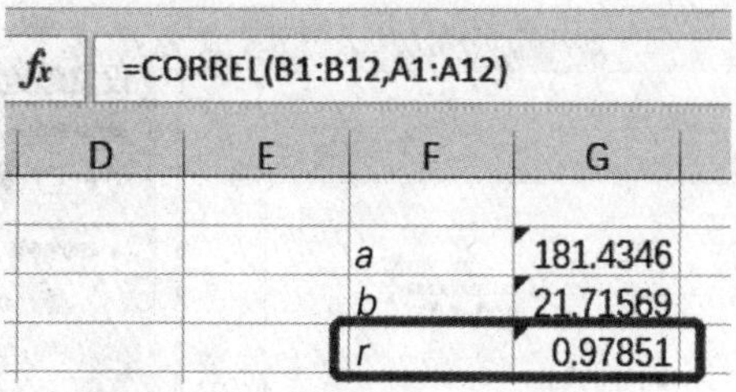

图 5 – 5　相关系数 *r* 的计算公式

函数格式：CORREL（known_y's，known_x's）。

右击散点图数据，添加趋势线，为实际销售量绘制销售量趋势线，如图 5 – 6 所示。

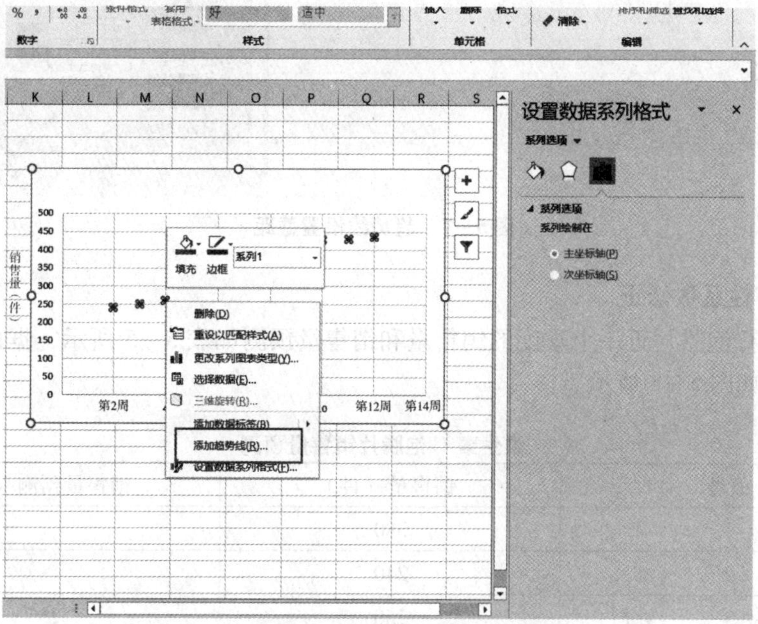

图 5 – 6　添加维生素 C 泡腾片销售量趋势线

趋势线设置截距，选择“线性”，设置截距为“180”，勾选“显示公式”“显示 R 平方值”，如图 5 – 7 所示。

也可利用 LINEST 函数绘制趋势线。

函数格式：LINEST（known_y's，known_x's，const，stats）。

known_y's 是关系表达式 $y = a + bx$ 中的 y 值集合；known_x's 是关系表达式 $y = a + bx$ 中的 x 值集合；const 是逻辑值，用以制定是否将 b 强设为 0；stats 是逻辑值，用以制定是否返回附加回归统计值。只有一个自变量 x 时，也可以直接利用 INDEX（LINEST（known_y's，known_x's），1）返回回归曲线斜率，利用 INDEX（LINEST（known_y's，known_x's），2）返回 y 轴截距。

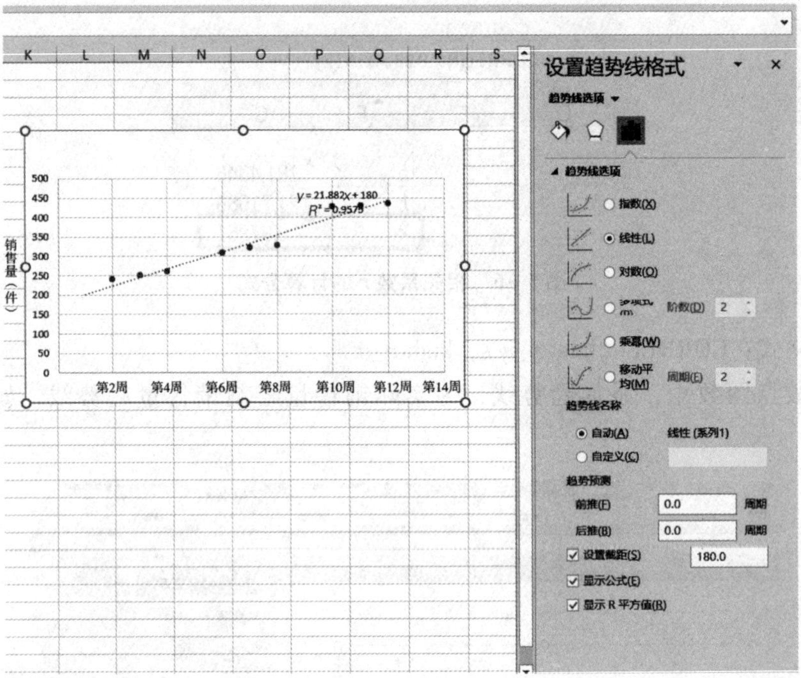

图 5－7　趋势线设置截距

3. 季节性系数修正

维生素 C 泡腾片近一个季度的销售量和销售量预测如表 5－5 所示，据此绘制的销售量趋势线如图 5－8 所示。

表 5－5　　　　　　　　维生素 C 泡腾片销售量预测

编号	销售量（件）	销售量预测（件）
1	380	
2	240	
3	250	255
4	260	280
5	428	305
6	309	330
7	322	355
8	328	380
9	535	405
10	427	430
11	430	455
12	435	480
13		505

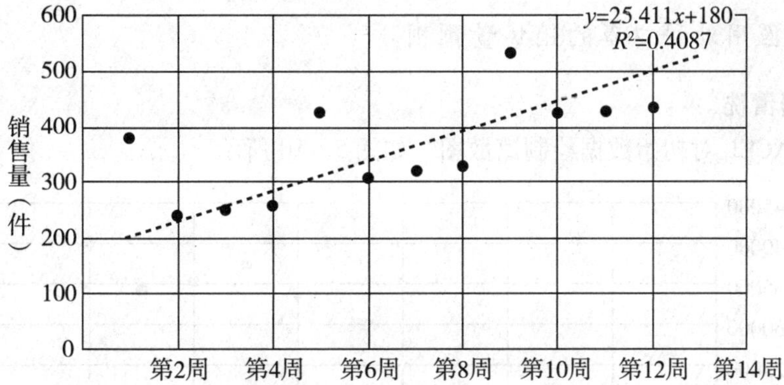

图 5－8　销售量趋势线

维生素 C 泡腾片的销售量呈周期递增，为了使下个周期（月初第一周促销活动）突变的销售数据预测更加准确，降低与实际销售量的偏离量，将周期性影响系数应用于需求预测。

选取各月第一周的实际销售数据和预测销售数据，对第 13 周影响最大、最靠近第 13 周的数据是第 5 周数据和第 9 周数据，如图 5－9 所示。

A	B	C
1	380	
2	240	
3	250	255
4	260	280
5	428	305
6	309	330
7	322	355
8	328	380
9	535	405
10	427	430
11	430	455
12	435	480

图 5－9　季节性销售数据分析

计算季节性修正系数：

$$SI=\frac{\frac{A_5}{T_5}+\frac{A_9}{T_9}}{2} \tag{5-2}$$

其中，A_t 指实际销售量，计算得，$SI=\frac{\frac{428}{305}+\frac{535}{405}}{2}=1.36$，$T_{13}\times SI=686$。

所以，第 13 周的预测销售量为 686 件。

（二）医用外科口罩的销售量预测

1. 数据清洗

利用 EXCEL 对初始数据绘制离散图，如图 5－10 所示。

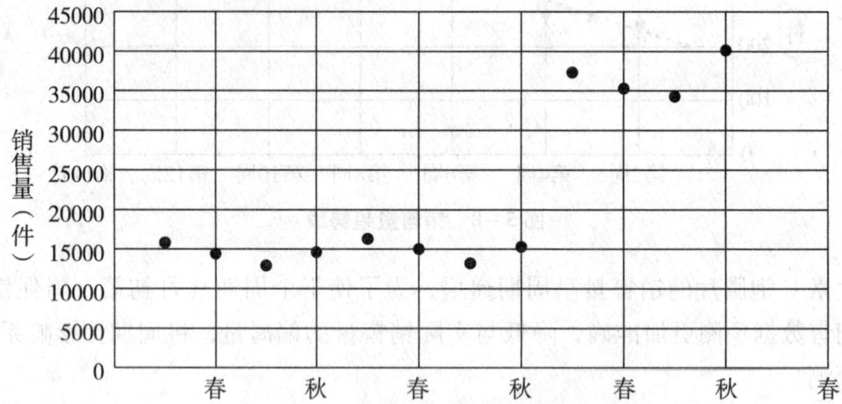

图 5－10　医用外科口罩销售量离散图

由离散图可以观察到，医用外科口罩的销售量原本呈连续周期性，但由于新冠肺炎疫情暴发，医用外科口罩销售量激增，且随着季节的变化，仍保持周期性变化。根据疫情发展态势，以及即将到来的冬季，预测医用外科口罩销售量呈大幅上升趋势。突变数据对未来一个预测周期的预测结果具有决定性影响，所以不应该将其清洗，数据保持不变。

2. 应用 EXCEL 的统计分析

由于新冠肺炎疫情的暴发，销售量数据呈突变性周期递增变化，线性回归分析不再适用于下一个预测周期的销售量预测。

右击散点图数据，添加趋势线，为实际销售绘制销售量趋势线，如图 5－11 所示。

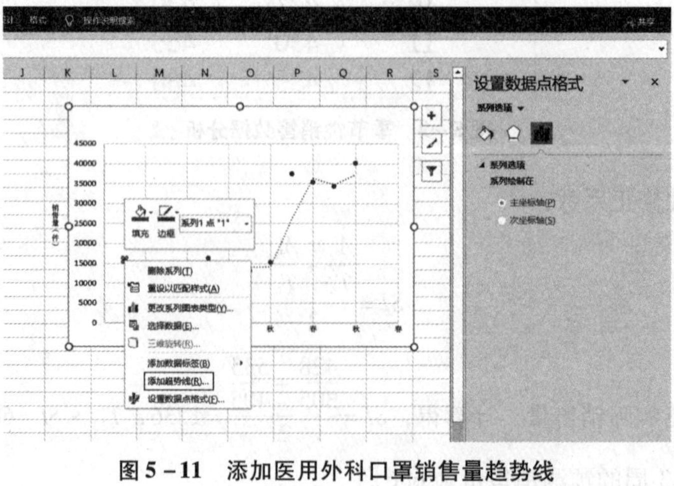

图 5－11　添加医用外科口罩销售量趋势线

选择“添加趋势线”选项，观测到移动周期为 2 的“移动平均销售量趋势线”更符合数据变化态势，如图 5－12 所示。

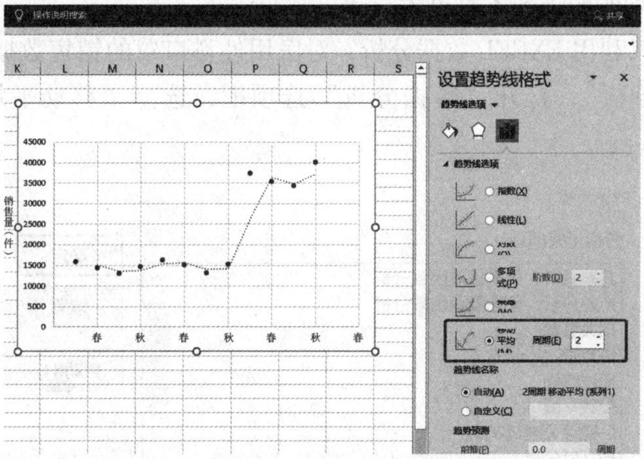

图 5－12　移动平均销售量趋势线

移动平均法是用一组最近的实际数据来预测未来一期或几期的数据的一种常用方法。移动平均法适用于即期预测。当产品需求既不快速增长也不快速下降，且不存在季节性因素时，移动平均法能有效地消除预测中的随机波动。移动平均法根据预测时使用的各因素的权重不同，可以分为简单移动平均法和加权移动平均法。

简单移动平均法的各因素的权重都相等，其计算公式如下：

$$T_t = (A_{t-1} + A_{t-2} + \cdots + A_{t-n}) / n \quad (5-3)$$

式中，T_t——对下一期的预测值；

n——移动周期；

A_{t-1}——前一期的实际值；

A_{t-2}——前两期的实际值；

A_{t-n}——前 n 期的实际值。

移动平均法的基本原理，是通过移动平均消除时间序列中的不规则变动和其他变动，从而揭示时间序列的长期趋势。

移动平均法有以下几个特点。

（1）移动平均对原序列有修匀或平滑的作用，使原序列的上下波动被削弱了，而且移动平均时距项数越大，对数列的修匀作用越强。

（2）移动平均时距项数为奇数时，只需一次移动平均，其移动平均值作为移动平均项数的中间一期的趋势代表值；而当移动平均时距项数为偶数时，移动平均值代表的是该偶数项的中间位置的水平，无法对正某一时期，则需要再进行一次相邻两项平均值的移动平均，才能使平均值对正某一时期，这称为移正平均，也称为中心化的移动平均数。

（3）当序列包含季节变动时，移动平均时距项数应与季节变动长度一致，才能消除其季节变动因素；当序列包含周期变动时，移动平均时距项数应和周期长度基本一致，才能较好地消除周期波动。

（4）移动平均时距项数不宜过大。

本任务也可以利用 EXCEL 数据分析，对医用外科口罩的销售数据进行预测：点击“工具”“数据分析”，打开“数据分析”选项框，选择“移动平均”，如图 5－13 所示。

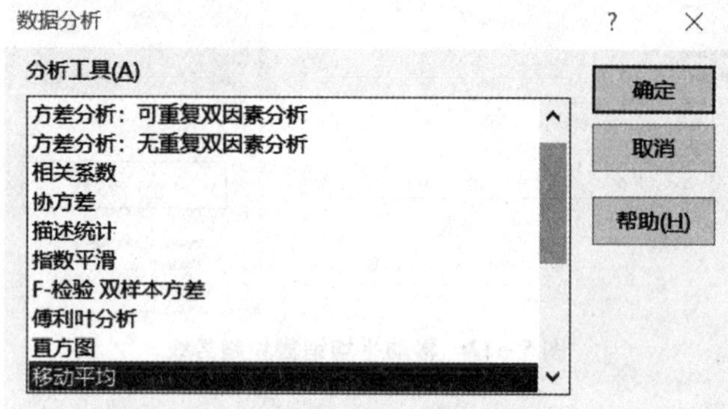

图 5－13　移动平均分析工具

点击“确定”以后，弹出“移动平均”对话框，按如下步骤进行设置：

①将光标置于“输入区域”对应的空白栏，然后选择“实际销售量”数据列；

②选中“标志位于第一行”；

③在“间隔”对应的空白栏输入“2”，表示将时间序列数据每两个周期进行移动平均（取 $n=2$）；

④将光标置于“输出区域”对应的空白栏，选中从 D3 到 D14 的单元格，作为计算结果的输出位置；

⑤选中“图表输出”和“标准误差”，这样会自动生成移动平均坐标图和标准误差值，如图 5－14 所示。

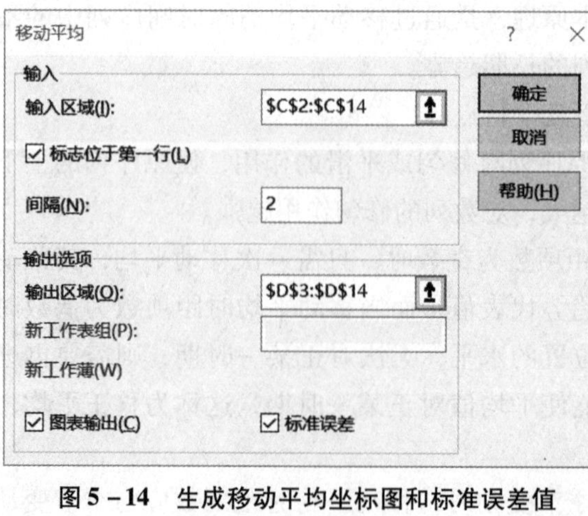

图 5－14　生成移动平均坐标图和标准误差值

完成上述设置以后，点击“确定”，即可得到计算结果，包括移动平均预测结果及标准误差，如表5－6所示；移动平均曲线如图5－15所示。

表5－6　　$n=2$ 时移动平均预测结果及标准误差

季节	编号	实际销售量	预测销售量	标准误差
冬	1	15800		
春	2	14404	#N/A	#N/A
夏	3	12925	15102	#N/A
秋	4	14600	13665	719. 0494594
冬	5	16285	13763	790. 021044
春	6	15009	15443	840. 0037202
夏	7	13213	15647	747. 2784789
秋	8	15286	14111	778. 9249001
冬	9	37350	14250	969. 7257989
春	10	35270	26318	7835. 156548
夏	11	34266	36310	7835. 38844
秋	12	40138	34768	816. 5794511

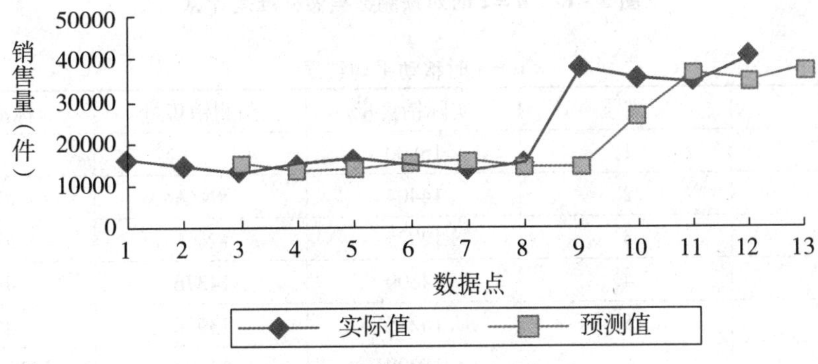

图5－15　$n=2$ 时移动平均曲线

点击D列数据，可以查看到这里的数据公式为“AVERAGE（C2:C3）”，即对前两个周期的销售数据取均值作为本期预测数据，如图5－16所示。

点击E列数据，可以查看到这里的数据公式为“SQRT（SUMXMY2（C3:C4，D4:D5）/2）”，即对预测数据做标准差计算，如图5－17所示。

同样，当取 $n=3$ 时，得到的移动平均结果如表5－7和图5－18所示。

=AVERAGE(C2:C3)

A	B	C	D	E
季节	编号	实际销售量	预测销售量	标准误差
冬	1	15800		
春	2	14404	#N/A	#N/A
夏	3	12925	15102	#N/A
秋	4	14600	13665	719.0494594
冬	5	16285	13763	790.021044
春	6	15009	15443	840.0037202
夏	7	13213	15647	747.2784789
秋	8	15286	14111	778.9249001
冬	9	37350	14250	969.7257989
春	10	35270	26318	7835.156548
夏	11	34266	36310	7835.38844

图 5 - 16　$n=2$ 时本期预测数据

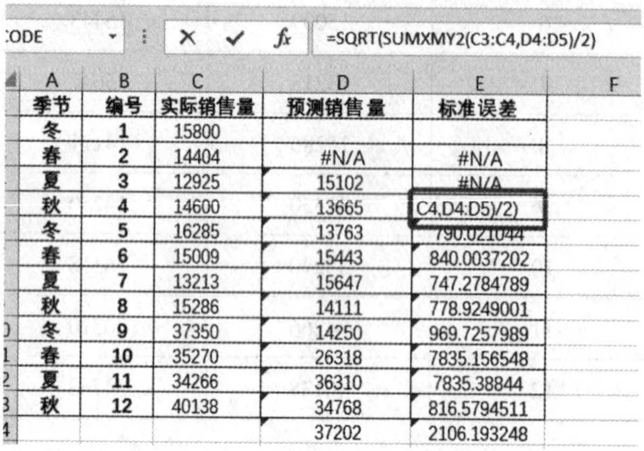

=SQRT(SUMXMY2(C3:C4,D4:D5)/2)

A	B	C	D	E
季节	编号	实际销售量	预测销售量	标准误差
冬	1	15800		
春	2	14404	#N/A	#N/A
夏	3	12925	15102	#N/A
秋	4	14600	13665	C4,D4:D5)/2)
冬	5	16285	13763	790.021044
春	6	15009	15443	840.0037202
夏	7	13213	15647	747.2784789
秋	8	15286	14111	778.9249001
冬	9	37350	14250	969.7257989
春	10	35270	26318	7835.156548
夏	11	34266	36310	7835.38844
秋	12	40138	34768	816.5794511
			37202	2106.193248

图 5 - 17　$n=2$ 时对预测数据做标准差计算

表 5 - 7　　$n=3$ 时移动平均结果

季节	编号	实际销售量	预测销售量	标准误差
冬	1	15800		
春	2	14404	#N/A	#N/A
夏	3	12925	#N/A	#N/A
秋	4	14600	14376	#N/A
冬	5	16285	13976	#N/A
春	6	15009	14603	1332. 082497
夏	7	13213	15298	1048. 88574
秋	8	15286	14836	1359. 481628
冬	9	37350	14503	1053. 593727
春	10	35270	21950	8952. 037478
夏	11	34266	29302	9546. 393767
秋	12	40138	35629	9568. 07454

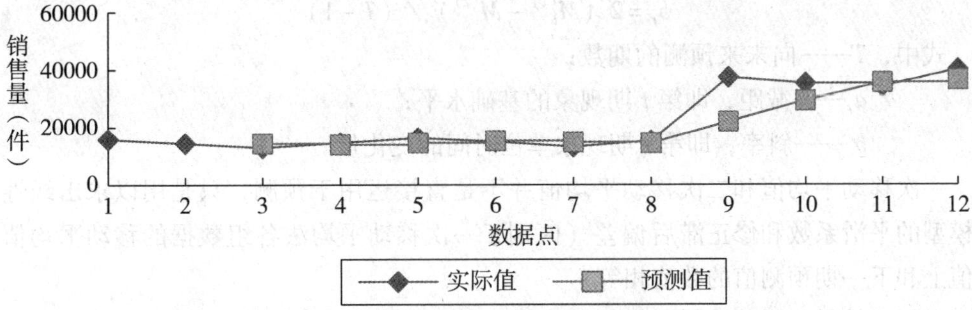

图 5－18　$n=3$ 时移动平均曲线

可以观测到，移动周期 $n=2$ 时的标准差低于 $n=3$ 时的标准差，所以选择移动周期为 2 的移动平均，预测即将到来的冬季的医用外科口罩的销售数据。

3. 预测数据修正

利用移动平均法进行预测能平滑需求的波动对预测结果的影响，但也存在一些缺陷。

（1）加大移动平均法的移动周期（加大 n 值）会使平滑波动效果更好，但也会使预测值对数据实际变动更不敏感。

（2）移动平均值并不能总是很好地反映趋势。由于是平均值，预测值总是停留在历史水平上而无法预计将来会产生的波动。

（3）移动平均法要依赖大量的历史数据的记录。

（4）它通过引进新数据，不断修改平均值，以之作为预测值。

由于新冠肺炎疫情的影响，医用外科口罩销售量激增，突变波动的数据对预测结果的影响非常大，简单地利用移动平均法有可能平滑突变的数据，从而使决策者错过对于市场动荡造成的需求变化的关注。综上，考虑采用二次移动平均法进行预测。

二次移动平均法是对时间序列的一次移动平均值再进行第二次移动平均，以一次移动平均值和二次移动平均值构成的时间序列的最后一个数据为依据建立线性预测模型进行预测。

二次移动平均值的公式如下：

$$M_t^{(1)} = (T_t + T_{t-1} + \cdots + T_{t-n-1})/n$$

$$M_t^{(2)} = (M_t^{(1)} + M_{t-1}^{(1)} + \cdots + M_{t-n-1}^{(1)})/n \quad (5-4)$$

式中，$M_t^{(1)}$——第 t 期的一次移动平均值；

$M_t^{(2)}$——第 t 期的二次移动平均值；

n——移动周期。

二次移动平均预测法的预测模型：

$$F_{t+T} = a_t + b_t \times T \quad (5-5)$$

其中，

$$a_t = 2M_t^{(1)} - M_t^{(2)}$$

$$b_t = 2\left(M_t^{(1)} - M_t^{(2)}\right) / (T-1)$$

式中，T——向未来预测的期数；

a_t——截距，即第 t 期现象的基础水平；

b_t——斜率，即第 t 期现象单位时间的变化量。

一次移动平均值和二次移动平均值并不是直接运用于预测，只是用以求出线性预测模型的平滑系数和修正滞后偏差（区别于一次移动平均法各组数据的移动平均值在数值上和下一期预测值的数值相等）。

对医用外科口罩移动周期为 2 的移动平均预测进行二次预测，如表 5－8 所示。

表 5－8　二次移动平均结果

季节	编号	实际销售量	预测销售量	标准误差	二次移动平均
冬	1	15800			
春	2	14404	#N/A	#N/A	
夏	3	12925	15102	#N/A	
秋	4	14600	13665	719.0494594	#N/A
冬	5	16285	13763	790.021044	14383
春	6	15009	15443	840.0037202	13714
夏	7	13213	15647	747.2784789	14603
秋	8	15286	14111	778.9249001	15545
冬	9	37350	14250	969.7257989	14879
春	10	35270	26318	7835.156548	14180
夏	11	34266	36310	7835.38844	20284
秋	12	40138	34768	816.5794511	31314

根据编号 12（秋）的销售数据、一次移动平均数据和二次移动平均数据，可得：

$$F_{13} = 38222 + 575 \times 13 = 45697$$

即将到来的冬季，预测医用外科口罩的销售量为 45697 件，如表 5－9 所示。

表 5－9　医用外科口罩销售量预测

季节	编号	销售量（件）	预测销售量（件）
冬	1	15800	
春	2	14404	#N/A
夏	3	12925	15102
秋	4	14600	13665
冬	5	16285	13763
春	6	15009	15443
夏	7	13213	15647

续 表

季节	编号	销售量（件）	预测销售量（件）
秋	8	15286	14111
冬	9	37350	14250
春	10	35270	26318
夏	11	34266	36310
秋	12	40138	34768
冬	13		45697

三、补货决策

仓配中心运营部门为客户 DD 大药房的维生素 C 泡腾片和医用外科口罩进行下一销售周期的销售量预测，结果如表 5－10 所示。

表 5－10　　DD 大药房销售量预测

货品名称	销售量预测（件）
维生素 C 泡腾片	686
医用外科口罩	45697

仓储组登录“RIAMB WMIS 8.0”系统，查询库存。目前，两种货品的现有库存如表 5－11 所示。

表 5－11　　两种货品现有库存情况

	库区	储位编号	现有库存（件）	SKU（件）	安全库存（件）
维生素 C 泡腾片	流利式货架区	1－2－6－1	45	270	50
		1－2－7－1	40	270	50
		1－3－6－1	30	270	50
合计			115	810	150
医用外科口罩	流利式货架区	2－1－4－1	3540	8400	2000
		2－2－4－1	4202	8400	2000
		2－3－4－1	4300	8400	2000
		2－1－5－1	3580	8400	2000
		2－2－5－1	4899	8400	2000
		2－3－5－1	1800	8400	2000
合计			22321	50400	12000

根据货品的库存数据可知，维生素 C 泡腾片每个储位的 SKU（件）都为 270，且现有库存不足以满足未来一个销售周期的预测销售量，同时每个储位的现有库存都低于安全库存 50 件；医用外科口罩每个储位的 SKU（件）都为 8400，现有库存也无法满足未来一个销售周期的预测销售量，但是每个储位的库存量都高于安全库存 2000 件。

安全库存也称安全存储量，又称保险库存，是为了防止不确定性因素（如大量突发性订货、交货期突然提前、临时用量增加、交货误期等）而预计的保险储备量（缓冲库存）。安全库存用于满足提前期需求。在给定安全库存的条件下，平均存货可用订货批量的一半和安全库存来描述。一般仓配中心将安全库存作为补货点，即当库存量低于安全库存时，则启动补货任务。同时，安全库存越大，出现缺货的情况就越少，但是安全库存的增加会导致库存成本的增加，如何平衡好缺货成本和库存成本，是本次制定补货决策的最终目的。

根据往期数据分析，维生素 C 泡腾片只有在 DD 大药房开展促销活动时才会发生订单量暂时增加的情形，商品利润率低，为低值低频货品。考虑到缺货成本和库存成本的节约，仓储组决定对维生素 C 泡腾片进行补货，补货量根据订单量确定，按需备货。且考虑到药品批次问题，根据先进先出原则，决定将备货平均分配到三个储位。

医用外科口罩的备货，主要是针对即将到来的下一个销售周期开展的。气温日益降低，消费者对新冠肺炎疫情防控有着充分的需求，市场订单量和订单频率即将呈现大幅急速增长。同时为了应对新冠肺炎疫情有可能再次区域性发生的突发性事件，开展应急物流备货是非常有必要的。虽然防疫用品医用外科口罩为低值高频商品，且现有库存量还未达到补货点，但是仓储组仍决定对其开展备货任务，采取补全补满策略，以保证疫情防控应急物流需求。

任务 2　补货方案

一、补货说明

客户 DD 大药房的货品一部分存储于料箱式立库系统，另一部分存储于流利式货架拣选系统和 AGV 拣选系统。本任务需要补货的货品维生素 C 泡腾片和医用外科口罩，主要面向各门店第三方平台订单，存储拣选设备为流利式货架拣选系统。补货采用拆零补货，即将相应货品从料箱式立库系统下架出库，按照补货数量及 SKU 存储量进行拆零，并根据要求在流利式货架拣选系统补货上架。应注意及时更新后台系统库存数据。

二、补货准备

（1）人员准备：每组中，1 人为操作员，1 人为仓管员，1 人为仓储主管（负责检查下属人员的单证是否填制正确并签字确认)。

(2) 设备准备：料箱式立库系统、流利式货架拣选系统、搬运设备等。

(3) 补货时间的安排：货品维生素 C 泡腾片按补货点进行补货，当库存量低于安全库存时，启动补货作业，依据销售量预测，按需补货；货品医用外科口罩按期补货和按补货点补货相结合，在即将进入下一个销售周期时开展补货，期间库存若降低到补货点（安全库存)，要及时补货。

(4) 储位及补货量分配：货品维生素 C 泡腾片，按照销售量的预测，需备货 686 件，平均分配至三个储位，1–2–6–1、1–2–7–1 和 1–3–6–1；货品医用外科口罩按照抗疫环节需求，将库存全部按照 SKU 存储量补满，储位分配至 2–1–4–1、2–2–4–1、2–3–4–1、2–1–5–1、2–2–5–1 和 2–3–5–1。

(5) 单据准备：仓库管理员需根据补货计划将作业时所需的补货记录单、货卡等各种单据、凭证、报表事先准备好，并预填妥善，以备使用。补货策略如表 5–12 所示。

表 5–12　补货策略

	补货策略	补货量依据	补货储位
维生素 C 泡腾片	按补货点补货	按需补货	1–2–6–1、1–2–7–1、1–3–6–1
医用外科口罩	按期补货和按补货点补货相结合	按存储量上限补满	2–1–4–1、2–2–4–1、2–3–4–1、2–1–5–1、2–2–5–1、2–3–5–1

三、补货上架检查

(1) 检查商品外包装的标识是否齐全、是否符合规定。

(2) 商品受损（包括外包装破损、商品破损、商品缺件）不允许上架。

(3) 商品有质量问题（过保质期、期内变质、有明显异物）不允许上架。

四、补货作业

(1) 补货必须补在系统记录的储位，未经仓储主管批准，不得擅自调整存储位置。

(2) 将补充的货品放置在原货品后面，保持货品“前进陈列”“整齐陈列”。注意货品上架放置的“先进先出”原则，防止商品过期、变质、老化导致的报损。

(3) 填制补货单，如表 5–13 所示。

表 5－13　　补货单

补货单

单据编号：　　　　　　　　　　　　　　　　　　　　　　时间：

货品条码			货品品项	
货主				
型号/批次	下架货位	补货货位	数量	补货时间

检验记录

检验员：

仓管员：　　　　　　　操作员：　　　　　　　仓储主管：

（4）补货作业在系统“分拣管理”中的“分拣区库存插入”模块完成。首先确定待补货的物料及其存储地址；通过创建补货单选择合乎要求的空货位；添加待补货物料的基本信息及补货数量；最后在补货订单确认环节，实现系统与仓储分拣设备的作业对接，更新后台库存数据，从而完成补货任务，具体流程如图 5－19 所示。

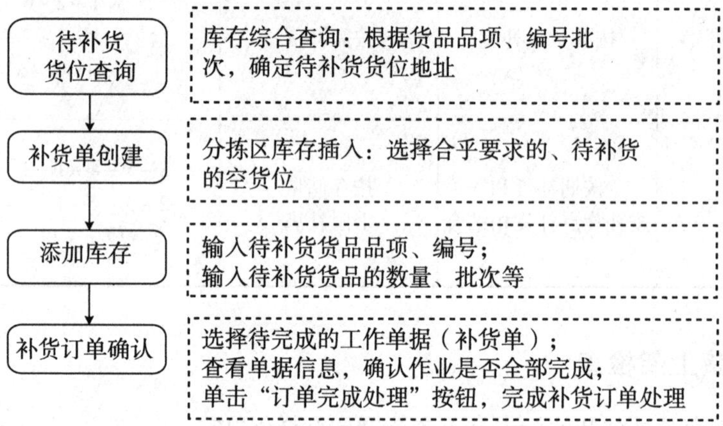

图 5－19　补货作业流程

任务 3　客户出库订单处理

DD 大药房的出库任务，一部分出库货品单位为“件”，其为面向第三方平台网上订单的货品，存储在仓配中心的流利式货架拣选系统和 AGV 拣选系统中；另一部分出库货品单位为“箱”，存储在料箱式立库系统中。

MM 超市的出库任务，货品单位为“箱”，目前食品类货物存储在托盘式立库系统中，生活用品类货物存储在多穿立库系统中。

1. 订单有效性分析，按优先策略对客户订单进行排序

（1）查询“RIAMB WMIS 8.0”后台系统，DD大药房出库任务的所有货品库存都充足。出库任务的客户为各门店。根据客户关系管理，如表5－14所示，对客户门店的排序如下。

表5－14　　客户门店排序

序号	客户名称	序号	客户名称
1	门店7	6	门店9
2	门店3	7	门店1
3	门店8	8	门店2
4	门店4	9	门店6
5	门店10	10	门店5

（2）订单有效性分析。

若 $\frac{\text{订单金额}+\text{应收账款}}{\text{信用额度}}\times 100\% \geqslant 100\%$，则视为无效订单。

根据客户档案，对各客户订单的有效性进行分析，如表5－15所示。

表5－15　　订单有效性分析　　单位：万元

客户名称	信用额度	订单金额	应收账款	累计应收账款	比值
门店8	15	0.27668	13	13.27668	88.51%
门店4	152	0.0532	132.3	132.3532	87.07%
门店3	200	0.14344	196.8	196.94344	98.47%
门店10	88	0.16918	67.8	67.96918	77.24%
门店1	15	0.05033	9.5	9.55033	63.67%
门店5	10	0.27788	9.9	10.17788	101.78%
门店7	158	0.0452	142.5	142.5452	90.22%

所以，将来自门店5的出库单视为无效订单。

（3）按优先策略对客户订单进行排序。客户订单排序如表5－16所示。

表5－16　　客户订单排序　　单位：万元

客户名称	任务单	订单金额
门店8	任务单1	0.27668
门店10	任务单4	0.16918
门店3	任务单3	0.14344
门店4	任务单2	0.0532
门店1	任务单5	0.05033
门店7	任务单7	0.0452

结合如下出库通知单7的具体情况。

样单5－10 **出库通知单7**

仓库名称：分拣仓库 2020年11月30日

订单号		202011300607			
客户指令号		202002010607		客户名称	门店7
出库方式		派货		订单性质	紧急
出库时间		2020年11月30日			
序号	货品条码	货品品项	数量	单位	金额（元/单位）
1	6920907800171	复方鱼腥草合剂	2	件	220.00
2	6918010061360	红药胶囊	2	件	6.00
合　计					
备注：					

虽然出库通知单7的订单金额最低，但是客户门店7的综合评分最高，且订单紧急性高，所以将出库通知单7安排为最先拣货出库。拣货单填制如表5－17所示。

表5－17 **拣货单**

拣货单

拣选单号：

仓库名称		分拣仓库	库区		制单日期		
序号	货品条码	货品品项	储位	单位	应拣数量	实拣数量	备注
1	6920907800171	复方鱼腥草合剂		件	2		
2	6918010061360	红药胶囊		件	2		
制单人：			拣货人：		日期：		

2. 合理选择订单处理方法，进行有效拆单与合单，选择合适的拣货方式

拣货工作在仓库日常作业中是非常重要的一项工作。据不完全统计，在仓库整体搬运的过程中，拣货作业成本约占83%，足见利用科学的订单处理方法提升拣货效率的重要性。

EIQ分析就是利用“E”“I”“Q”这三个物流关键要素，来研究配送中心的需求特性，为配送中心提供规划依据。其中，E是指“Entry”，I是指“Item”，Q是指“Quantity”，即从客户订单的订货次数、订货品项、订货数量等方面出发，进行配送特性和出货特性的分析。EIQ分析的分析项目主要有EN分析（每张订单的货品品项数量分析）、EQ分析（每张订单的订货数量分析）、IQ分析（每个品项的订货数量分析）、IK分析（每个品项的订货次数分析）。

具体假设如表 5 - 18 和表 5 - 19 所示。

表 5 - 18　　EIQ - I 定义

*I*1	安神补脑颗粒	*I*11	铝碳酸镁咀嚼片
*I*2	奥美拉唑肠溶胶囊	*I*12	胃康灵胶囊
*I*3	复方鱼腥草合剂	*I*13	小儿柴桂退热颗粒
*I*4	感冒清热颗粒	*I*14	小儿肺热咳喘颗粒
*I*5	红药胶囊	*I*15	小儿金银花露
*I*6	活血止痛胶囊	*I*16	小儿咳喘灵
*I*7	积雪苷霜软膏	*I*17	小儿麦枣咀嚼片
*I*8	金迪漱口水	*I*18	小儿清肺化痰口服液
*I*9	肠炎宁片	*I*19	益母草颗粒
*I*10	葵花护肝宝	*I*20	婴儿止咳糖浆

表 5 - 19　　EIQ - E 定义

*E*1	出库订单 1
*E*2	出库订单 2
*E*3	出库订单 3
*E*4	出库订单 4
*E*5	出库订单 5

对以上出库任务订单进行 EIQ 分析，如表 5 - 20 所示。

表 5 - 20　　订单 EIQ 分析

	*I*1	*I*2	*I*3	*I*4	*I*5	*I*6	*I*7	*I*8	*I*9	*I*10	*I*11	*I*12	…	*I*20	*EQ*	*EN*
*E*1		1	5				4	3	2		2		…	3	20	7
*E*2				2	2								…		4	2
*E*3	1						4	3		1			…		18	8
*E*4	4						2	2	3			2	…		23	9
*E*5	1					1		1					…		5	4
IQ	6	1	5	2	2	1	10	9	5	1	2	2	…	3		
IK	3	1	1	1	1	1	3	4	2	1	1	1	…	1		

也可以利用 EXCEL 的透视表功能，对订单进行 EIQ 分析。

（1）勾选“I”“Q”“K”数据透视表字段，如图 5 - 20 所示。

A	B 行标签	C 求和项:Q	D 求和项:K
*I*1	安神补脑颗粒	6	3
*I*2	奥美拉唑肠溶胶囊	1	1
*I*3	复方鱼腥草合剂	5	1
*I*4	感冒清热颗粒	2	1
*I*5	红药胶囊	2	1
*I*6	活血止痛胶囊	1	1
*I*7	积雪苷霜软膏	10	3
*I*8	金迪漱口水	9	4
*I*9	肠炎宁片	5	2
*I*10	葵花护肝宝	1	1
*I*11	铝碳酸镁咀嚼片	2	1
*I*12	胃康灵胶囊	2	1
*I*13	小儿柴桂退热颗粒	3	1
*I*14	小儿肺热咳喘颗粒	2	1
*I*15	小儿金银花露	4	1
*I*16	小儿咳喘灵	3	1
*I*17	小儿麦枣咀嚼片	2	1
*I*18	小儿清肺化痰口服液	5	3
*I*19	益母草颗粒	2	1
*I*20	婴儿止咳糖浆	3	1
	总计	70	30

数据透视表字段列表

选择要添加到报表的字段：

☐E ☑I ☑Q ☐N ☑K

在以下区域间拖动字段：

报表筛选

图 5－20　EXCEL 透视表 EIQ 分析

（2）筛选 *IK* 不为 1 的货品列表，查看行标签，如图 5－21 所示。

行标签	求和项:K	求和项:Q
安神补脑颗粒	3	6
积雪苷霜软膏	3	10
金迪漱口水	4	9
肠炎宁片	2	5
小儿清肺化痰口服液	3	5
总计	15	35

行标签	求和项:K	求和项:Q
⊟安神补脑颗粒	**3**	**6**
E3	1	1
E4	1	4
E5	1	1
⊟积雪苷霜软膏	**3**	**10**
E1	1	4
E3	1	4
E4	1	2
⊟金迪漱口水	**4**	**9**
E1	1	3
E3	1	3
E4	1	2
E5	1	1
⊟肠炎宁片	**2**	**5**
E1	1	2
E4	1	3
⊟小儿清肺化痰口服液	**3**	**5**
E3	1	2
E4	1	1
E5	1	2
总计	**15**	**35**

图 5－21　*IK* 不为 1 的货品列表

对于这些来自不同出库订单的货品，可以考虑把多份订单（多个客户的要货需求）集合成一批，先把每种商品的数量分别汇总，再逐个以客户为对象进行分货，形似播种，每次处理多份订单或多个客户，即“播种式”拣货出库。

同时结合流利式货架拣选系统“人到货”的拣选形式和AGV拣选系统“货到人”的拣选形式，安排“播种式”拣货作业在AGV拣选系统区域完成配送拣货。拣货单填制如表5－21所示。

表5－21　　AGV拣选系统拣货单

拣货单

拣选单号：

仓库名称		分拣仓库	库区	AGV拣选系统	制单日期		
序号	货品条码	货品品项	储位	单位	应拣数量	实拣数量	备注
1	6958786200067	安神补脑颗粒	AGV	件	6		
2	6942423987624	积雪苷霜软膏	AGV	件	10		
3	6932010061822	金迪漱口水	AGV	件	9		
4	6932010061853	肠炎宁片	AGV	件	5		
5	6932010061780	小儿清肺化痰口服液	AGV	件	5		
制单人：			拣货人：		日期：		

（3）筛选 *IK* 为1的货品列表，如图5－22所示。

行标签	求和项:K	求和项:Q
奥美拉唑肠溶胶囊	1	1
复方鱼腥草合剂	1	5
感冒清热颗粒	1	2
红药胶囊	1	2
活血止痛胶囊	1	1
葵花护肝宝	1	1
铝碳酸镁咀嚼片	1	2
胃康灵胶囊	1	2
小儿柴桂退热颗粒	1	3
小儿肺热咳喘颗粒	1	2
小儿咳喘灵	1	3
小儿金银花露	1	4
小儿麦枣咀嚼片	1	2
益母草颗粒	1	2
婴儿止咳糖浆	1	3

图5－22　*IK* 为1的货品列表

这些货品在每个任务单的需求品项分别为1，即每单对此货品的出库任务仅为单一品项出库。可以考虑针对每份订单（每个客户）进行拣选，拣货人员或设备往返于各个货物储位，将所需的货物取出，形似摘果，每人每次只处理一份订单或一个客户，即“摘果式”拣货出库。

同时结合流利式货架拣选系统“人到货”的拣选形式和AGV拣选系统“货到人”的拣选形式，安排“摘果式”拣货作业在流利式货架拣选系统区域完成配送拣货。拣货单填制如表5－22所示。

表 5-22　　流利式货架拣选系统拣货单

<table>
<tr><td colspan="8">拣货单</td></tr>
<tr><td colspan="8">拣选单号：</td></tr>
<tr><td colspan="2">仓库名称</td><td>分拣仓库</td><td>库区</td><td>电子拣选区</td><td>制单日期</td><td colspan="2"></td></tr>
<tr><td>序号</td><td>货品条码</td><td>货品品项</td><td>储位</td><td>单位</td><td>应拣数量</td><td>实拣数量</td><td>备注</td></tr>
<tr><td>1</td><td>6920855052068</td><td>奥美拉唑肠溶胶囊</td><td>电选区</td><td>件</td><td>1</td><td></td><td></td></tr>
<tr><td>2</td><td>6920907800171</td><td>复方鱼腥草合剂</td><td>电选区</td><td>件</td><td>5</td><td></td><td></td></tr>
<tr><td>3</td><td>6944848456015</td><td>感冒清热颗粒</td><td>电选区</td><td>件</td><td>2</td><td></td><td></td></tr>
<tr><td>4</td><td>6918010061360</td><td>红药胶囊</td><td>电选区</td><td>件</td><td>2</td><td></td><td></td></tr>
<tr><td>5</td><td>6918163010887</td><td>活血止痛胶囊</td><td>电选区</td><td>件</td><td>1</td><td></td><td></td></tr>
<tr><td>6</td><td>6932010061808</td><td>葵花护肝宝</td><td>电选区</td><td>件</td><td>1</td><td></td><td></td></tr>
<tr><td>7</td><td>6921317958690</td><td>铝碳酸镁咀嚼片</td><td>电选区</td><td>件</td><td>2</td><td></td><td></td></tr>
<tr><td>8</td><td>6942425987624</td><td>胃康灵胶囊</td><td>电选区</td><td>件</td><td>2</td><td></td><td></td></tr>
<tr><td>9</td><td>6934848456092</td><td>小儿柴桂退热颗粒</td><td>电选区</td><td>件</td><td>3</td><td></td><td></td></tr>
<tr><td>10</td><td>6982010061891</td><td>小儿肺热咳喘颗粒</td><td>电选区</td><td>件</td><td>2</td><td></td><td></td></tr>
<tr><td>11</td><td>6942425987629</td><td>小儿咳喘灵</td><td>电选区</td><td>件</td><td>3</td><td></td><td></td></tr>
<tr><td>12</td><td>6932010061877</td><td>小儿金银花露</td><td>电选区</td><td>件</td><td>4</td><td></td><td></td></tr>
<tr><td>13</td><td>6932010061884</td><td>小儿麦枣咀嚼片</td><td>电选区</td><td>件</td><td>2</td><td></td><td></td></tr>
<tr><td>14</td><td>6932010061890</td><td>益母草颗粒</td><td>电选区</td><td>件</td><td>2</td><td></td><td></td></tr>
<tr><td>15</td><td>6932425987656</td><td>婴儿止咳糖浆</td><td>电选区</td><td>件</td><td>3</td><td></td><td></td></tr>
<tr><td colspan="3">制单人：</td><td colspan="2">拣货人：</td><td colspan="3">日期：</td></tr>
</table>

以上拣选配送的货物在下架之后，将会在出库理货区按照订单客户逐个品项进行分货，进而完成小件货物的配送出库。

3. 大件货物的订单处理

查询“RIAMB WMIS 8.0”系统后台数据，待拣货配送的大件货品（单位为箱）库存充足，如表 5-23 所示。

表 5-23　　待出库货品库存情况

	库区	储位	批次	SKU（箱）	库存
红药胶囊	料箱式立库系统	1-5-3-2	20200916	10	10
食品 1	托盘式立库系统	1-2-1-1	20201029	100	100
食品 1	托盘式立库系统	1-2-1-2	20201029	100	40
生活用品 1	多穿立库系统	1-1-1-2	20201030	80	80
生活用品 1	多穿立库系统	1-1-1-1	20201111	80	40

来自DD大药房门店4和门店10的出库订单，红药胶囊待出库量分别为2箱和8箱。根据现有库存状况，选择“播种式”拣选方式，对两个出库任务进行合单，将储位1-5-3-2的货物全部出库，并在货物下架后，于出库理货区根据订单客户按数量要求对货物分货。拣货单填制如表5-24所示。

表5-24 料箱式拣货区的拣货单

拣货单

拣选单号：

仓库名称		分拣仓库	库区	料箱式拣选系统	制单日期		
序号	货品条码	货品品项	储位	单位	应拣数量	实拣数量	备注
1	6918010061360	红药胶囊	1-5-3-2	箱	10		
制单人：			拣货人：		日期：		

任务4 AGV拣选系统的拣货口分配

在对出库订单进行处理的过程中，得到结论：DD大药房的第三方平台线上订单货品，采用“播种式”拣货配送出库的货品，选择AGV拣选系统进行拣货出库，如图5-23所示。

图5-23 AGV拣选系统

AGV小车活动区域由规则纵横排列的坐标点构成，坐标点由横纵坐标标记。AGV小车的活动路线也是以这些坐标点作为标的，事先在系统通过程序编写绘制好。AGV

小车接收到系统发布的货物搬运指令后启动，根据事先以坐标点绘制好的运行地图和AGV 小车当前坐标及前进方向，自动智能控制其自身在路上的行驶，向目标卸货点（分拣口）行进。准确到达位置后停车完成卸货，向控制计算机报告其位置和状态。最后，AGV 小车启动向待命区域行进，直到接到新的指令后再做下一次任务。仓配中心AGV 小车分布如图 5－24 所示。

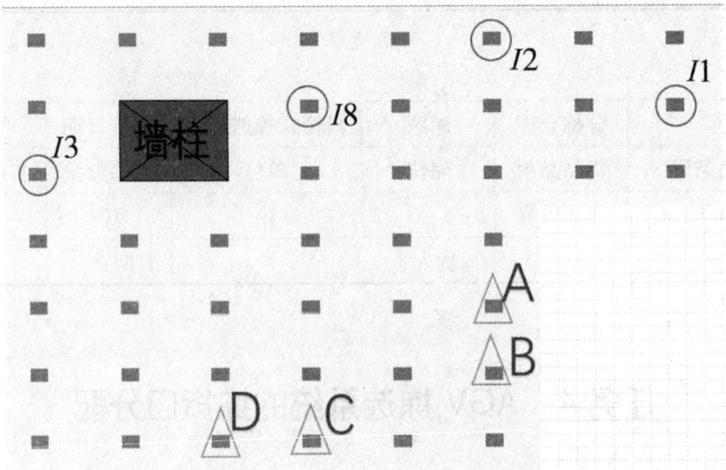

图 5－24　仓配中心 AGV 小车分布

目前，此区域待拣货配送的货品有奥美拉唑肠溶胶囊（I2）、金迪漱口水（I8）、复方鱼腥草合剂（I3）、安神补脑颗粒（I1），储存这些货物的可移动货架分布在 AGV 小车活动区的待命区域坐标点上。同时，在 AGV 拣选区设立了四个分拣口：A、B、C、D，如图 5－24 所示。操作员将在各分拣口等待 AGV 小车，AGV 小车将存储货物的可移动货架运载至此，进行拣货下架。

如图 5－24 所示，A、B、C、D 为四个分拣口，I1、I2、I3、I8 为存储四种货品的可移动货架所在的位置。为了提高拣货效率，计划四个移动货架由四辆 AGV 小车同时完成“货到人”的拣货操作。为了保证拣货效率，需要将四个待拣货任务合理地指派给四个拣货口。考虑到避障，需要对各移动货架按照 AGV 小车行进坐标点到四个分拣口的步长进行统计，如表 5－25 所示。

表 5－25　待分拣货品距分拣口步长统计

待指派分拣口	待分拣货品			
	I1	I2	I3	I8
A	6	7	11	2
B	4	5	9	8
C	3	1	10	4
D	5	9	8	2

根据枚举法，对于分拣口 A，暂不考虑其他分拣口，选择与分拣口 A 距离最短的分拣任务，将其指派给 *I*8 完成分拣任务，在表中划除 *I*8 任务；继续分析分拣口 B，暂不考虑 C、D 分拣口，将其指派给 *I*1 完成分拣任务，在表中划除 *I*1 任务；同理，将分拣口 C 指派给 *I*2 完成分拣任务；此时，对于分拣口 D，最短距离的分拣口任务应为 *I*8，与分拣口 A 产生了冲突。

为了确定最优指派方案，根据匈牙利算法，求得本任务指派问题的最优解。

匈牙利解法是求解指派问题的一种新颖而又简便的解法，它是美国数学家库恩于 1955 年提出的。库恩引用了匈牙利数学家康尼格一个关于矩阵中 0 元素的定理：系数矩阵中独立 0 元素的最多个数等于能覆盖所有 0 元素的最小直线数，这种解法称为匈牙利解法。指派问题的最优解有这样一个性质：若从系数矩阵的一行（列）各元素中分别减去该行（列）的最小元素，得到新矩阵，那么以新矩阵为系数矩阵求得的最优解和用原矩阵求得的最优解相同。利用这个性质，可使原系数矩阵变换为含有很多 0 元素的新矩阵，而最优解保持不变。

具体步骤如下。

第一步：使指派问题的系数矩阵经变换，在各行各列中都出现 0 元素。

（1）从系数矩阵的每行元素减去该行的最小元素；

（2）再从所得系数矩阵的每列元素中减去该列的最小元素。

第二步：进行试指派。若此时得到的 m（独立 0 元素个数）$<n$（其他 0 元素个数），应回到第一步，重新对系数矩阵进行变换。但要把第一步的过程改为如下算法。

（1）从系数矩阵的每列元素减去该列的最小元素；

（2）再从所得系数矩阵的每行元素中减去该行的最小元素，这样做就使新矩阵的 0 元素比较多，再进入第二步进行试指派就可以得到最优解。利用前面的性质可以证明这个最优解就是我们所要求的原问题的最优解，从而使求解变得更为简捷。

各移动货架到分拣口的移动步长矩阵：

$$\boldsymbol{C}=\begin{pmatrix}6 & 7 & 11 & 2\\4 & 5 & 9 & 8\\3 & 1 & 10 & 4\\5 & 9 & 8 & 2\end{pmatrix}$$

将此系数矩阵进行变换，使各行各列都出现 0 元素。从系数矩阵的每行元素减去该行的最小元素得系数矩阵：

$$\begin{pmatrix}4 & 5 & 9 & 0\\0 & 1 & 5 & 4\\2 & 0 & 9 & 3\\3 & 7 & 6 & 0\end{pmatrix}$$

将此矩阵每列元素减去该列最小元素得到各行各列都有 0 元素的系数矩阵：

$$\begin{pmatrix} 4 & 5 & 4 & 0 \\ 0 & 1 & 0 & 4 \\ 2 & 0 & 4 & 3 \\ 3 & 7 & 1 & 0 \end{pmatrix}$$

进行试指派，找出独立的 0 元素。独立 0 元素用 Θ 表示，其他 0 元素用 Φ 表示，得到：

$$\begin{pmatrix} 4 & 5 & 4 & \Theta \\ \Theta & 1 & \Phi & 4 \\ 2 & \Theta & 4 & 3 \\ 3 & 7 & 1 & \Phi \end{pmatrix}$$

这里 Θ 的个数为 3，小于 4，所以问题没有得到解决，继续求解。

做最少的直线覆盖所有的 0 元素，以确定该系数矩阵中能找到最多的独立元素数。为此按以下步骤进行：

（1）对没有 Θ 的行打√；

（2）对已打√的行中所含 Φ 元素的列打√；

（3）再对所有打√的列中含有 Θ 元素的行打√；

（4）重复（2）和（3）直到得不出新的打√的行列为止；

（5）对没有打√的行画一横线，打√的列画一纵线，这样就得到覆盖所有 0 元素的最少直线数。

令直线数为 L，若 $L<4$，说明必须再变换当前的系数矩阵，才能找到 4 个独立的 0 元素，为此转换步骤（4）；若 L = 4，而独立 0 元素的个数小于 4，应回到步骤（2），继续试探。

在此例中，对以上矩阵按上述步骤进行操作，得：

$$\begin{array}{c} \qquad\qquad\qquad\quad \checkmark \\ \begin{pmatrix} 4 & 5 & 4 & \Theta \\ \Theta & 1 & \Phi & 4 \\ 2 & \Theta & 4 & 3 \\ 3 & 7 & 1 & \Phi \end{pmatrix} \begin{array}{l} \checkmark \\ \\ \\ \checkmark \end{array} \end{array}$$

此矩阵直线数为 3，需要对矩阵继续进行变换，以达到增加 0 元素的目的。

在没有被直线覆盖的部分中找出最小元素，然后在打√行各元素中都减去这个最小元素，而在打√列的各元素上都加上这个最小元素，以保证原来 0 元素不变。这样得到新系数矩阵（它的最优解和原问题相同）。若得到 n 个独立的 0 元素，则已得最优解，否则回到上一步骤重复进行。

以上矩阵中，在第 1、4 行没有被直线覆盖部分找到最小元素为 1，然后第 1、4 行各元素分别减去 1。给第 4 列元素加 1，得到新矩阵：

$$\begin{pmatrix} 3 & 4 & 3 & 0 \\ 0 & 1 & 0 & 5 \\ 2 & 0 & 4 & 4 \\ 2 & 6 & 0 & 0 \end{pmatrix}$$

进行试指派，找出独立的0元素：

$$\begin{pmatrix} 3 & 4 & 3 & \Theta \\ \Theta & 1 & \Phi & 5 \\ 2 & \Theta & 4 & 4 \\ 2 & 6 & \Theta & \Phi \end{pmatrix}$$

矩阵有4个独立0元素，到此得到了最优解，相应矩阵如下：

$$\begin{pmatrix} 0 & 0 & 0 & 1 \\ 1 & 0 & 0 & 0 \\ 0 & 1 & 0 & 0 \\ 0 & 0 & 1 & 0 \end{pmatrix}$$

因此，在保证拣货效率的前提下，四个待拣货任务指派给四个拣货口的合理方案如表5－26所示。

表5－26　　拣货口分配

待分拣货品	拣货口
*I*1	B
*I*2	C
*I*3	D
*I*8	A

总应完成的行进距离为4＋1＋8＋2＝15。

任务5　出库方案

一、出库原则

（1）客户提供的出库凭证、单据必须符合相关要求。无有效的出库凭证，仓库不得擅自发货。

（2）遵循先入库的货物先出库原则。对于有保质期或有效期的食品类、药品类货物，防止货物在库时间过长，成为呆滞商品。

（3）严格遵守仓库的各项出库规章制度。发货货品必须与相关单据所列明细一致；未通过验收的货物、有问题的货物均不能出库；货物出库检验与入库检验的方法应保持一致。

（4）贯彻“三不”“三核”“五检查”的原则。三不：未接单据不翻账，未经审单不备库，未经复核不出库。三核：发货时，要核对凭证、核对账卡、核对实物。五检查：对单据和实物进行品名检查、规格检查、数量检查、重量检查、包装检查。

（5）提高服务质量，满足用户要求。出库作业要做到安全、及时、准确，出库商品要保质、保量。防止出现差错事故，仓库尽量为用户提货创造各种方便条件，协助用户解决各种问题。

二、出库准备

（1）人员准备：每组中，1 人为拣货员，1 人为理货员，1 人为出库管理员，1 人为仓储主管（负责检查下属人员的单证是否填制正确并签字确认）。

（2）备货准备：根据日常库存管理和系统库存提示，制订合理的补货策略，并按照补货方案组织完成补货作业（补货方案如前文）；查询货物基本信息，规定货品批次的，按规定批次备货；未规定货品批次的，按先进先出原则备货。

（3）设备准备：在货物拣货下架之前，根据其种类、包装、规格、数量等情况，确定装卸搬运及检验的方法，并准备相应的车辆、检验器材（度量衡）、移动照明、撬棍、锤子、堆码等工具，以及处置危险品需要的必要防护用品。

（4）单据准备：本次任务配送出库的方式为仓配中心负责向客户各收货点进行派货。派货是由仓库根据货主预先下达的出库任务，通过派货作业，按照货品的品项、数量、批次和收货人、收货地址等，把货品送达收货单位。仓配中心信息组根据出库任务，制作出库单、派货单，并将其发送给配送组。出库单一式三份，一份由经办人留存，一份发送至仓配单位，一份发送至财务。出库管理员根据出库单制作拣货单、理货单，并将其发送至拣货员和理货员。派货单发送至派货员，派货单一式四份，一份派货员签收后交给仓库保管员留存并依次核销仓储，一份由仓储主管签章后留存，一份由派货员、仓管员共同签章后交给收货人，一份由派货员、仓管员共同签章后派货员留存。

三、出库单审核

（1）审核客户发送的出库凭证是否具有合法性、真实性。

（2）检查客户出库凭证有无涂改现象。

（3）根据出库单核对商品的名称、型号、规格、单价、数量和提货日期等有无错误。

（4）对出库单进行签章核对、提货人身份核对等。审核无误后方可组织出库作业，否则应拒绝发货。

四、拣货下架

出库管理员根据出库要求，制订合理的拣货方案和拣货单，为拣货员分配拣货任务。本次拣货任务主要在托盘式立库拣选系统、多穿拣选系统、料箱式拣选系统、流利式货架拣选系统和 AGV 拣选系统中完成。拣货员根据拣货要求完成拣货任务，并填制拣货单。

MM 超市出库订单所列货品，根据货品类别确定拣货作业在托盘式立库拣选系统、多穿拣选系统完成。

左安社区和右安社区的出库订单所列货品食品 1，待出库量分别为 100 箱和 40 箱，刚好与现有库存的存储分布相同。选择“摘果式”拣选方式对货物进行出库操作，将储位 1－2－1－1 存储的 100 箱货物下架分配给右安社区；将储位 1－2－1－2 存储的 40 箱货物下架分配给左安社区。拣货单填制如表 5－27 所示。

表 5－27　　托盘式立库拣选系统的拣货单

拣货单

拣选单号：

仓库名称		分拣仓库	库区	托盘式立库拣选系统	制单日期		
序号	货品条码	货品品项	储位	单位	应拣数量	实拣数量	备注
1	20205001	食品 1	1－2－1－1	箱	100		
2	20205001	食品 1	1－2－1－2	箱	40		
制单人：			拣货人：		日期：		

右安社区的出库订单货品生活用品 1 的出库任务，有两个储位的货物可供选择：1－1－1－2 和 1－1－1－1。但是库存系统显示，两个储位的货物批次不同。所以根据“先入先出”原则，即使储位 1－1－1－1 的库存量刚好与客户出库任务要求相同，仍须选择库存量为 80 的 1－1－1－2 储位的货物进行出库配送，并对剩余货物进行返库操作。拣货单填制如表 5－28 所示。

表 5－28　　多穿拣选系统拣货单

拣货单

拣选单号：

仓库名称		分拣仓库	库区	多穿拣选系统	制单日期		
序号	货品条码	货品品项	储位	单位	应拣数量	实拣数量	备注
1	20205002	生活用品 1	1－1－1－2	箱	40		
制单人：			拣货人：		日期：		

对于来自 DD 大药房的出库订单货品，单位为“箱”的，拣货作业在料箱式拣选系统完成。

门店 4 和门店 10 的出库订单，货品红药胶囊待出库量分别为 2 箱和 8 箱。根据现有库存状况，选择“播种式”拣选方式，对两个出库任务进行合单，将储位 1－5－3－2 的货物全部出库，并在货物下架后，于出库理货区根据订单客户的数量要求对货物分货。

拣货单填制如表 5－29 所示。

表 5－29　料箱式拣选系统拣货单

拣货单

拣选单号：

仓库名称		分拣仓库	库区	料箱式拣选系统	制单日期		
序号	货品条码	货品品项	储位	单位	应拣数量	实拣数量	备注
1	6918010061360	红药胶囊	1－5－3－2	箱	10		

制单人：　　拣货人：　　日期：

其他门店出库订单的货品，单位为“件”的，根据订单分析处理，采取“摘果式”拣货方式的货品，在流利式货架拣选系统完成拣货作业；采取“播种式”拣货方式的货品，在 AGV 拣选系统完成拣货作业。拣货单填制如表 5－30、表 5－31 所示。

表 5－30　AGV 拣选系统拣货单

拣货单

拣选单号：

仓库名称		分拣仓库	库区	AGV 拣选系统	制单日期		
序号	货品条码	货品名称	储位	单位	应拣数量	实拣数量	备注
1	6958786200067	安神补脑颗粒	AGV	件	9		
2	6920907800171	复方鱼腥草合剂	AGV	件	7		
3	6932010061822	金迪漱口水	AGV	件	12		
4	6920855052068	奥美拉唑肠溶胶囊	AGV	件	10		
5	6942423987624	积雪苷霜软膏	AGV	件	9		

制单人：　　拣货人：　　日期：

表 5－31　流利式货架拣选系统拣货单

拣货单

拣选单号：

仓库名称		分拣仓库	库区	电子拣选区	制单日期		
序号	货品条码	货品名称	储位	单位	应拣数量	实拣数量	备注
1	6944848456015	感冒清热颗粒	电选区	件	1		
2	6918010061360	红药胶囊	电选区	件	1		
3	6918163010887	活血止痛胶囊	电选区	件	1		
4	6932010061808	葵花护肝宝	电选区	件	1		
5	6921317958690	铝碳酸镁咀嚼片	电选区	件	1		
6	6942425987624	胃康灵胶囊	电选区	件	1		
7	6932010061884	小儿麦枣咀嚼片	电选区	件	1		
8	6932010061890	益母草颗粒	电选区	件	1		

制单人：　　拣货人：　　日期：

五、理货复核

拣货员完成拣货作业后，将拣货下架的货品搬运至理货区，由理货员根据出库单对货品按客户进行二次分拨，同时对待出库货物进行清点复核。最后填制理货单，如表5－32所示。

表5－32　　　　理货单

理货单

理货单号：

仓库名称		分拣仓库	日期					
序号	客户名称	货品条码	货品品项	单位	待出库数量	实际数量	复核结果	备注
拣货人：			理货人：				仓储主管：	

复核注意事项如下。

（1）检查待出库商品的名称、规格、型号、批次、数量等是否与出库凭证所列一致。

（2）货品的外观质量是否完好。

（3）检查包装是否符合要求，比如易损品是否有衬垫物，易受潮商品是否包装严密，运输标志是否清晰，收货人、到站信息、箱号、危险品标识、易碎品标识等是否齐全清晰。

（4）检查商品随附文件、单证是否齐全。每件包装都有装箱单，应检查装箱单所列商品是否与实物相吻合。

根据出库商品的多少、复核工作复杂程度，以及仓库的规模，复核工作可以选择以下不同的方式进行。

（1）专人复核。仓库规模较大，分工较细时，可设置专职复核员，专门负责出库商品的复核工作。专职复核员与出库员共同对出库商品的质量、数量、正确性负责。

（2）出库员互核。又称交叉复核，两名出库员交叉对对方的出库货物照单复核后，在对方出库单上复核人员处签名，双方共同承担责任。

（3）自我复核。出库员对自己所发货物进行复核，对自己所发货物的数量、质量、正确性负责任。这种方式适用于专业化程度高，或存储商品品种比较单一、同一品种发货量较大、仓库人员比较紧张的情况。

六、出库交接

货品经复核后，将出库货品及相应单据逐笔向配送司机按照派货单所列商品内容逐件当面清点交接，签字划清责任，并留存单证，如表 5－33 所示。

表 5－33　　派货单

<table>
<tr><td colspan="6">派货单</td></tr>
<tr><td>收货单位</td><td></td><td>发货单位</td><td></td><td>预计到货时间</td><td></td></tr>
<tr><td>收货人</td><td></td><td>发货人</td><td></td><td>配送员</td><td></td></tr>
<tr><td>联系电话</td><td></td><td>联系电话</td><td></td><td>联系电话</td><td></td></tr>
<tr><td colspan="2" rowspan="2">运抵客户（或仓库）名称及地址</td><td>名　称</td><td colspan="3"></td></tr>
<tr><td>地　址</td><td colspan="3"></td></tr>
<tr><td colspan="2" rowspan="2">货物指定签收人</td><td>姓　名</td><td colspan="3"></td></tr>
<tr><td>联系电话</td><td colspan="3"></td></tr>
</table>

<table>
<tr><td colspan="5">货　物　清　单</td></tr>
<tr><td>序号</td><td>货品条码</td><td>货品品项</td><td>单位</td><td>数量</td></tr>
<tr><td>1</td><td></td><td></td><td></td><td></td></tr>
<tr><td>2</td><td></td><td></td><td></td><td></td></tr>
<tr><td>3</td><td></td><td></td><td></td><td></td></tr>
<tr><td>4</td><td></td><td></td><td></td><td></td></tr>
<tr><td>5</td><td></td><td></td><td></td><td></td></tr>
<tr><td>⋮</td><td></td><td></td><td></td><td></td></tr>
<tr><td>相关说明</td><td colspan="4">1. 特殊货物特点
2. 注意事项说明
3. 车辆说明</td></tr>
</table>

审核人：

报货日期：________年____月____日

承运车号：　　　　预计车辆到达时间：________年____月____日

发货时间：________年____月____日____时　　　　经办人：

七、登账

仓管人员应审核出库凭证，做好出库记录，根据自留的一联出库凭证登记实物明细账。登账一定要随发随记，日清月结。在实际操作中，可以先登账后付货，也可以先付货后登账。

八、清理

根据存储规划要求，对库存商品进行并垛、移位、腾整货位，以备新来商品使用，并对腾出的货位进行卫生清理，调整货位上的吊牌，保持物资的账、卡、物一致等。货物发货完毕，应及时将出库商品从保管账目上核销：将留存的出库凭证、货物单证资料、相关记录等归档，将已经空出的货位在货位图上标注出来。

九、出库出现的问题及相应措施

1. 出库出现的问题

（1）出库单据问题。出库凭证超过提货期限，用户前来提货；出库凭证被修改或是复制；出库凭证遗失。

（2）出库数量差异。没有按照订单上的数量进行出库，货物数量出现减少或增多。

（3）装车错误。

（4）包装破损。出库时未仔细检查包装或搬运时导致出库的某些货物包装破损。

（5）账物处理。账单和实物不符，有些货物进出库情况没有及时进行更新。

（6）仓库发错货。由于发货人员对货品种类、规格不熟悉，或者由于工作中的疏漏，把错误规格、错误数量的货品发出库的情况。

（7）货品出库后，没有及时清理，导致货物混乱。

2. 解决措施

（1）对于出库单据问题，要及时与仓库安保部门或出具出库单的部门联系，妥善处理。对于出库凭证遗失，应及时与仓库发货员和账务人员联系挂失，如果挂失时货已被提走，保管人员不承担责任，但要协助货主单位找回货品；如果货物没有提走，要做好挂失登记，将原证作废，缓期发货。

（2）出库时要检查核对出库货物的数量、质量、规格等是否符合要求。

（3）装车时要检查是否装对车，以免造成不必要的损失。

（4）要严格检查货物包装，以免损坏货物。在搬运过程中要小心谨慎，以免对货物造成破坏。

（5）对于货物的信息要及时更新，经常检查，核对账单和实物。

（6）当发生发错货的情况时，组织人力，重新发货。如果物品已经离开仓库，保管人员应及时向主管部门和货主通报串发和错发货物的品名、规格、数量、提货单位等情况，同货主单位和运输单位共同协商解决。

（7）货物出库后，有的货垛拆开，有的货位被打乱，有的现场还留有垃圾、杂物。保管员应根据规划要求，挪位并及时清扫发货现场，保持现场清洁整齐，空出的货位应在仓库货位图上标注，以备新入库的货物之用。

十、出库作业

完成任务共四步系统操作：托盘式立库系统“摘果式”自动出库、多穿立库系统“播种式”指定出库返库、料箱式立库系统“播种式”指定出库、流利式货架拣选系统与 AGV 拣选系统分拣出库，具体分拣流程如图 5－25 至图 5－28 所示。

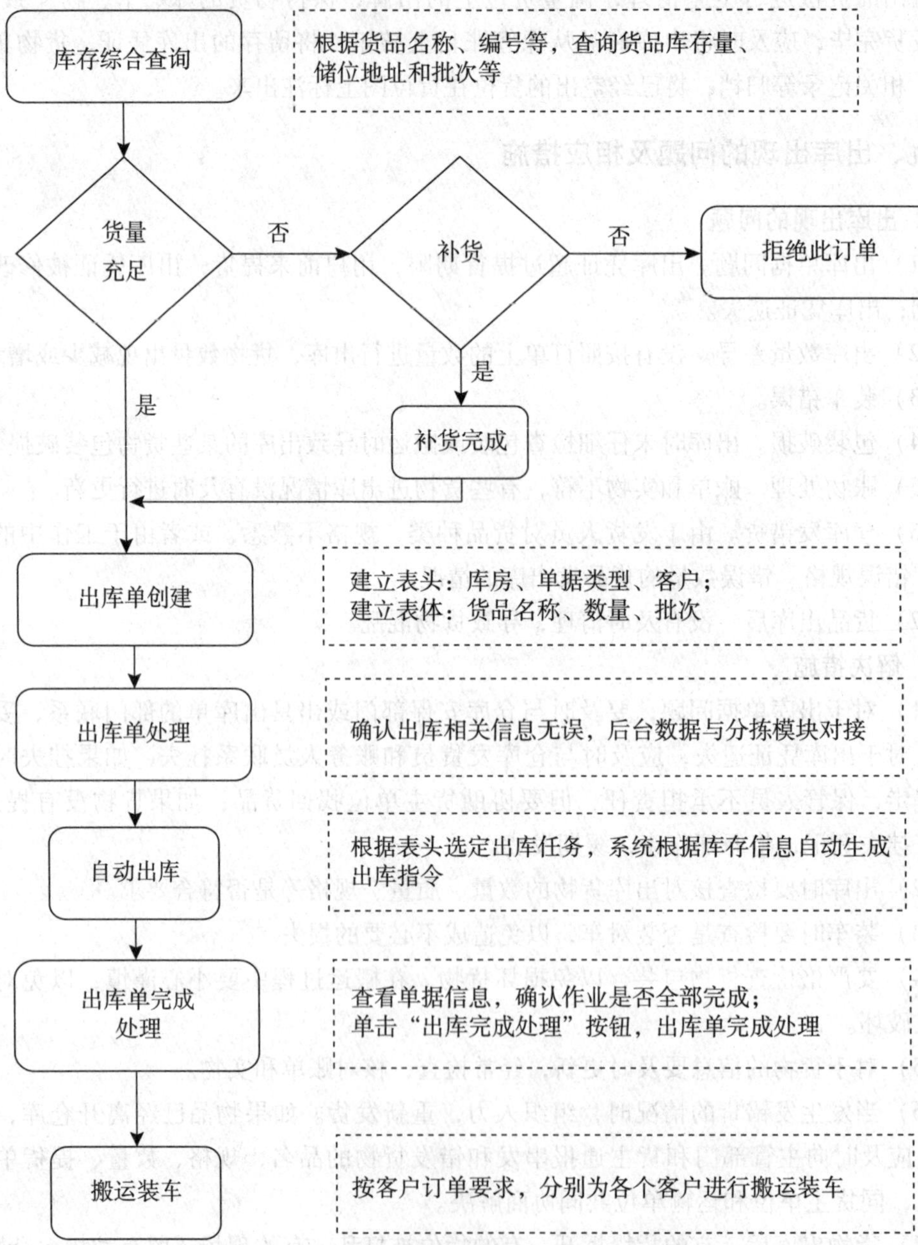

图 5－25　托盘式立库系统“摘果式”自动出库

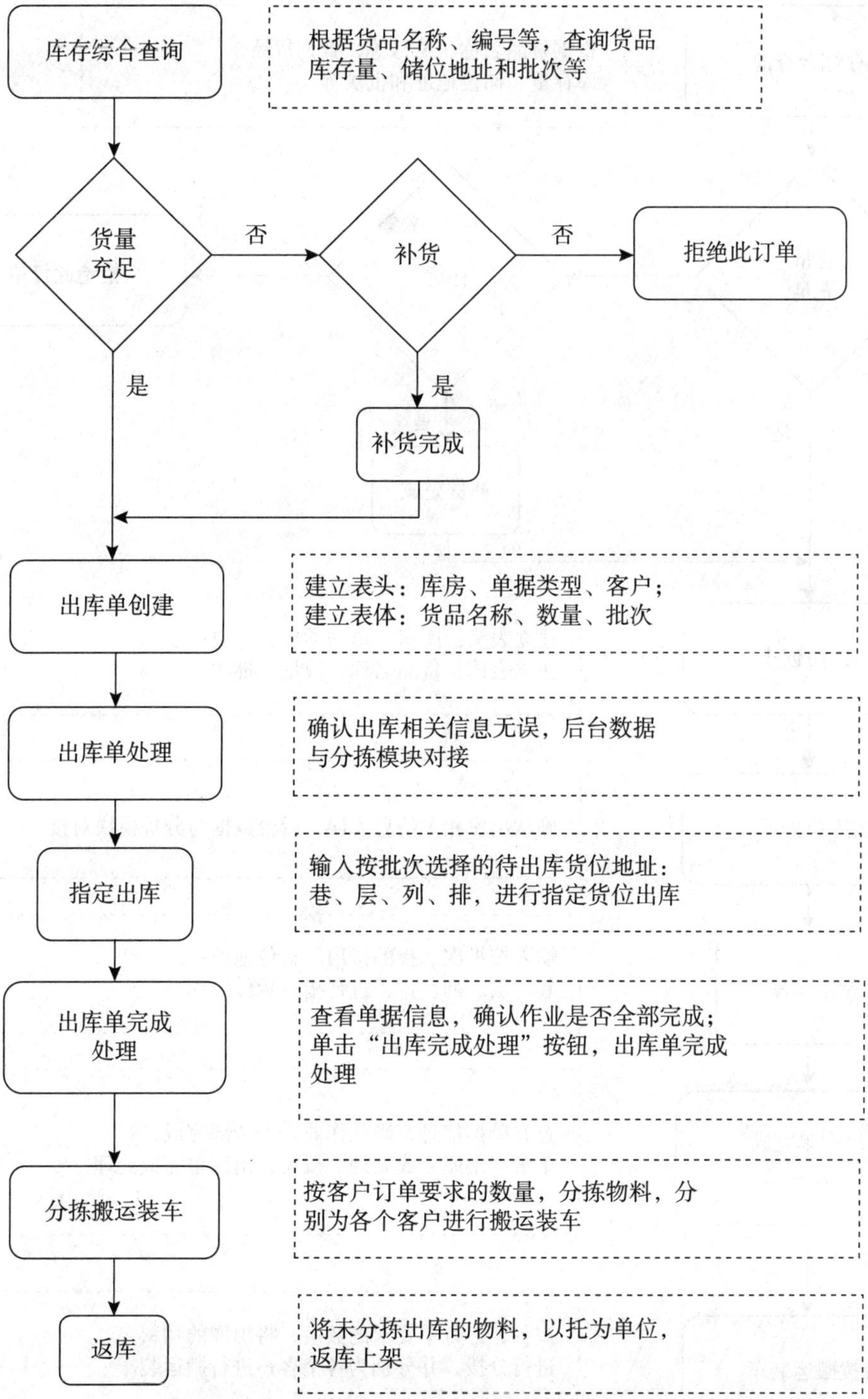

图 5－26　多穿立库系统“播种式”指定出库返库

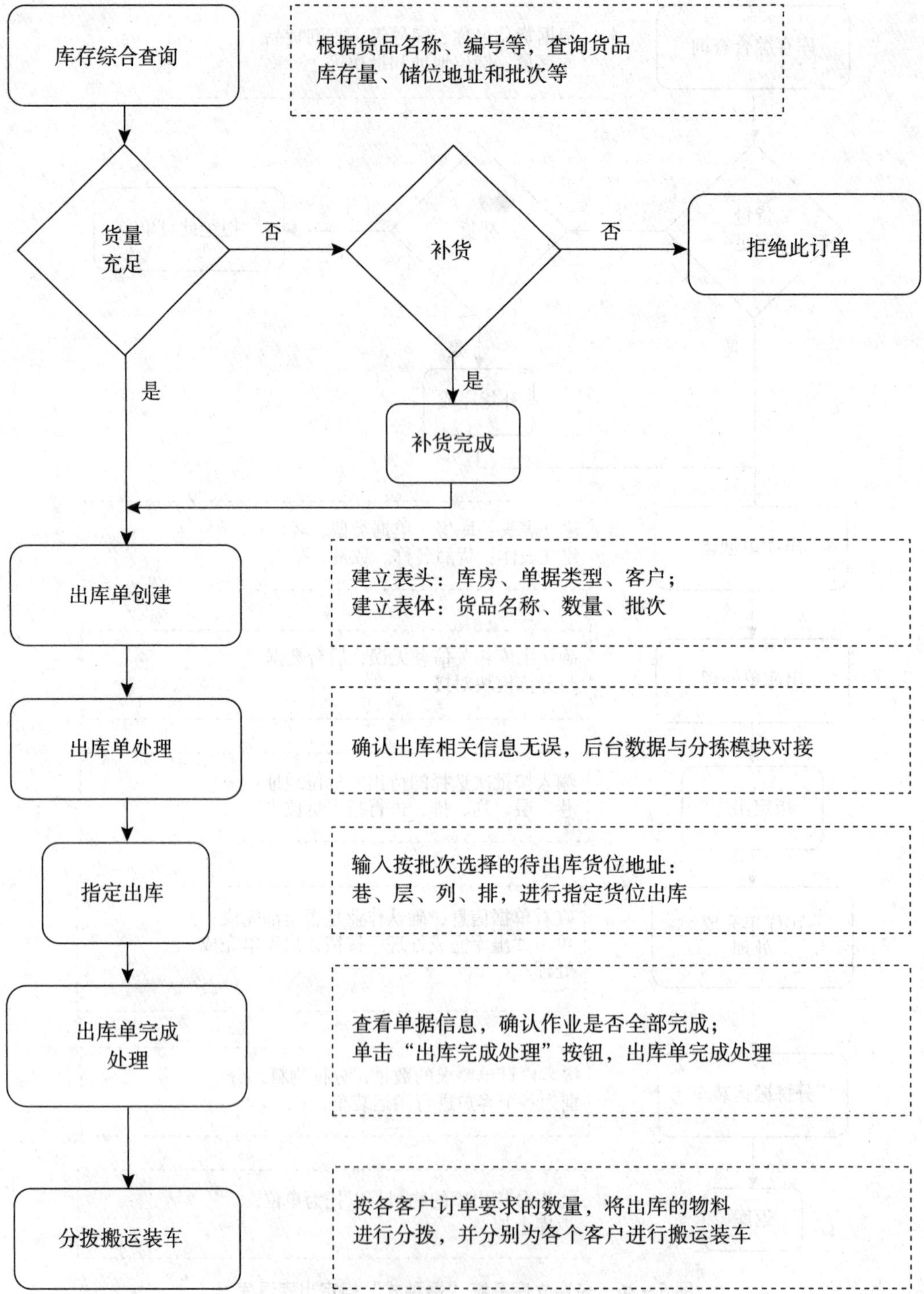

图 5－27　料箱式立库系统“播种式”指定出库

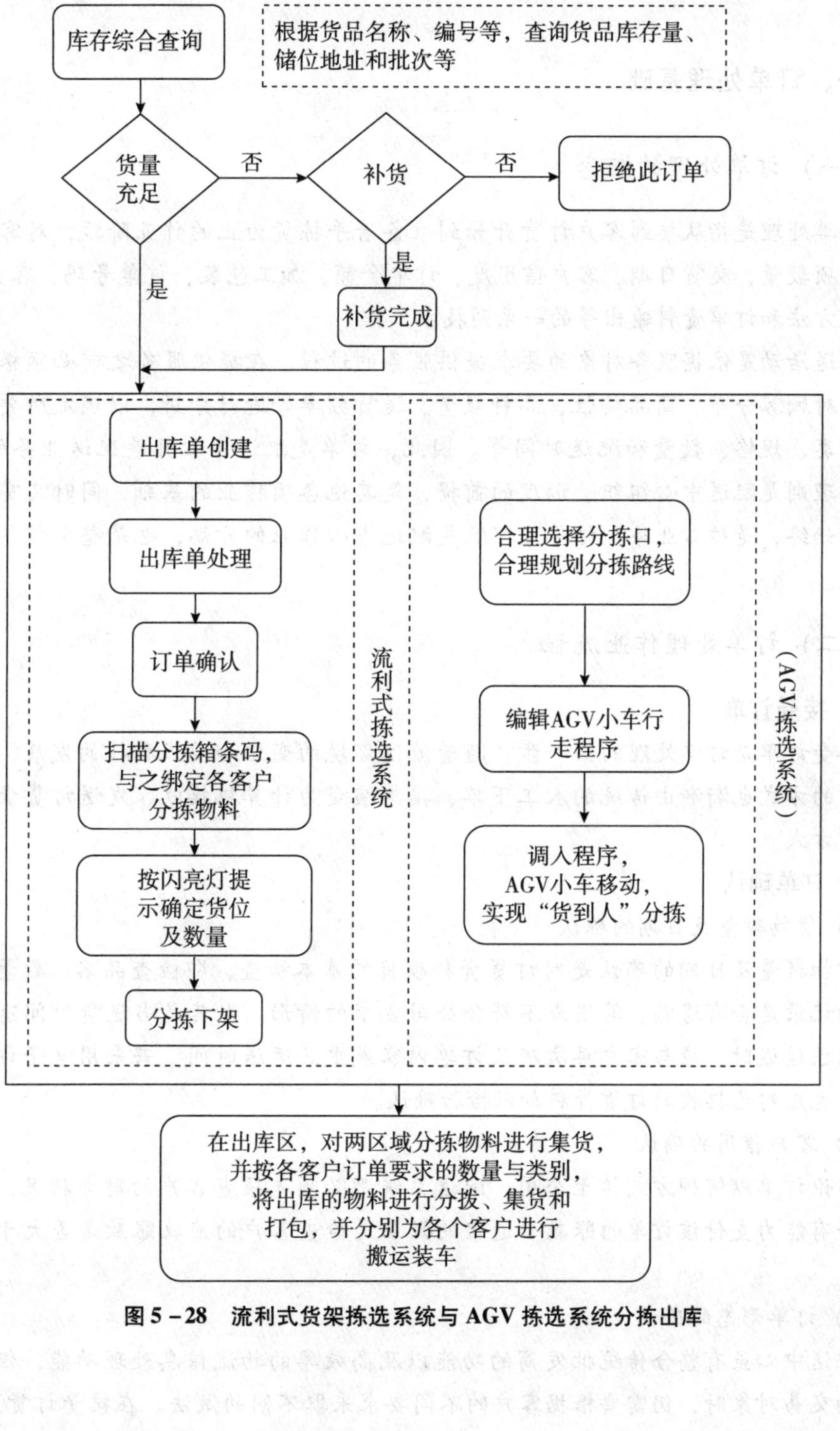

图5－28　流利式货架拣选系统与AGV拣选系统分拣出库

知识链接

一、订单处理基础

（一）订单处理的概念

订单处理是指从接到客户订货开始到准备着手拣货为止的作业阶段，对客户订单进行品项数量、交货日期、客户信用度、订单金额、加工包装、订单号码、客户档案、配送货方法和订单资料输出等的一系列技术工作。

配送活动是依据服务对象的要求提供服务的过程，在提供服务之前必须根据订单信息，对顾客分布、商品特性、品种数量、送货频率等进行分析，以确定所要配送货物的种类、规格、数量和配送时间等。因此，订单是配送中心开展配送业务的依据，订单处理则是配送中心组织、调度的前提，是其他各项作业的基础，同时又贯穿配送业务的始终，是核心业务。订单处理既是配送中心作业的开端，也是整个信息流作业的起点。

（二）订单处理作业流程

1. 接受订单

接受订单是订单处理的第一步。随着流通环境的变化和现代科技的发展，接受客户订货的方式也渐渐由传统的人工下单、接单演变为计算机接收、发送订货资料的电子订货方式。

2. 订单确认

1）货物数量及日期的确认

货物数量及日期的确认是对订货资料项目的基本检查，即检查品名、数量、送货日期的记录是否有遗漏、笔误或不符合公司要求的情形。尤其是当送货时间有误或出货时间已延迟时，应与客户再次确认订单内容或更正运送时间。若采用电子订货方式接单，也应对已接收的订货资料加以检验确认。

2）客户信用的确认

不论订单以何种方式传至公司，配送系统都必须先核查客户的财务状况，以确认其是否有能力支付该订单的账款。通常的做法是检查客户的应收账款是否大于其信用额度。

3）订单形态的确认

配送中心虽有整合传统批发商的功能以及高效率的物流信息处理功能，但在面对较多的交易对象时，仍需要根据客户的不同要求采取不同的做法。在接受订货业务上，表现为具有多种订单的交易形态，因此，对不同客户应采取不同的交易及处理方式。

（1）一般交易订单。

交易形态：接单后按正常的作业程序拣货、出货、发送、收款的订单。

处理方式：接单后，将资料输入订单处理系统，按正常的订单处理程序处理，资料处理完毕后进行拣货、出货、发送、收款等作业。

（2）现销式交易订单。

交易形态：与客户当场交易，直接给货的交易订单。如业务员到客户巡货、补货所得的交易订单或客户直接到配送中心取货的交易订单。

处理方式：订单资料输入后，因为货物此时已交给客户，所以订单资料不再参与拣货、出货、发送等作业，只记录交易资料即可。

（3）间接交易订单。

交易形态：客户向配送中心订货，直接由供应商将货物配送给客户的交易订单。

处理方式：接单后，将客户的出货资料传给供应商由其代配。需要注意的是，客户的送货单是自行制作或委托供应商制作的，故接单方应对出货资料加以核对和确认。

（4）合约式交易订单。

交易形态：与客户签订配送契约的交易订单，如签订某期间内定时配送某数量商品的交易订单。

处理方式：在约定的送货日，将配送资料输入系统进行处理以便出货配送，或一开始便输入合约所载的订货资料并设定各批次的送货时间，以便在约定日期系统自动产生所需的订单资料。

（5）寄库式交易订单。

交易形态：客户因促销、降价等市场因素先行订购一定数量的商品，然后再视需求出货的订单。

处理方式：当客户要求配送寄库商品时，系统应查核客户是否确实有此项寄库商品。若有，则此项商品可出货，否则应加以拒绝。采用这种方式，须注意交易价格应依据客户当初订货时的单价计算，而不是按当前的价格计算。

可以看出，不同的订单交易形态有不同的订货处理方式，故接单后应先确定其交易形态，然后针对不同形态的订单采取不同的处理方式。

4）订单价格确认

不同的客户（批发商、零售商）、不同的订购批量有不同的售价，故输入价格时应在系统中加以检核。若输入的价格不符，应在系统中加以锁定，以便主管审核。

5）加工包装的确认

客户订购的商品是否有特殊包装、分装或贴标等要求，或是有关赠品的包装等，资料系统都应专门进行确认和记录。

3. 设定订单号码

每一份订单都要有单独的订单号码，此号码一般由控制单位或成本单位来制定，除了便于计算成本，还有利于制造、配送等相关的工作。所有工作的说明单及进度报告等都应附有此号码。

4. 建立客户档案

将客户状况详细记录，不但有助于此次交易顺利进行，而且有助于今后增加合作机会。

（三）订单处理过程中应遵循的基本原则

（1）要使客户产生信赖感。

（2）尽量缩短订货周期。

（3）提供紧急订货服务。

（4）减少缺货现象。

（5）不忽略小批量订货的客户。

（6）装配力求完整。

（7）提供对客户有利的包装。

（8）要随时提供订单处理的情况。

二、EIQ 订单分析

（一）EIQ 概述

1. EIQ 内容

由 EIQ 表（见表 5－34）可知各用户的订货数量和每个品项的定货次数，即 EIQ 表是订货传票一览表。此外，通过此表可知用户订购了几个品项（*EN*），以及每个品项的订购次数（*IK*）。EIQ 表既是订货传票，也是出库传票。

对 EIQ 的数据分析也是对订货单或者发货单的分析。这个数据分析是对一天、一个月、一年的订单的分析。由于物流配送中心每天都有发货作业，所以可以对一天的订货数据进行分析。

2. 一天订货量的 EIQ 数据分析

（1）EIQ 表中的 *E*、*I*、*Q* 分别表示一天、一月或一年的订货次数、订货品项、订货数量。

（2）EIQ 表是根据订货单数据制作的。当数据量大时，则把订单中类似物品按 ABC 分类法分类并拣货。

（3）当订单中物品形状、尺寸、重量区别很大时，则将其大致分类并分别做成 EIQ 表。

（4）订单是按一个月中发货量最多的那天的数据做成的，或按一个月中的代表日的发货量做成的。

（5）EIQ 表中的 *EQ* 是每个用户订货数量之和，*EN* 是订货品项数。

（6）EIQ 表中的 *IQ* 是每个品项订货数量之和，*IK* 是多个用户订购同种品项的次数。

（7）根据订单可做成 EIQ 表，从而求出 EQ、EN、IQ 和 IK 的值。

（8）ΣEQ、ΣIQ、ΣEN、ΣIK 分别表示累计数。

（9）GEQ、GIQ、GEN、GIK 分别表示合计数。$GEQ = GIQ$。

表 5－34　　EIQ 表

	*I*1	*I*2	*I*3	*I*4	*I*5	*I*6	*I*7	*I*8	*I*9	*I*10	*I*11	*I*12	…	*I*20	*EQ*	*EN*
*E*1		1	5				4	3	2		2		…	3	20	7
*E*2				2	2								…		4	2
*E*3	1						4	3		1			…		18	8
*E*4	4						2	2	3			2	…		23	9
*E*5	1					1		1					…		5	4
IQ	6	1	5	2	2	1	10	9	5	1	2	2	…	3		
IK	3	1	1	1	1	1	3	4	2	1	1	1	…	1		

（二）EIQ 分析的作用

通过 EIQ 分析，可以得到许多有用的信息，对配送中心的规划和完善具有重要意义。EIQ 分析对配送中心规划的作用有以下几点。

1. 了解物流特性

利用 EIQ 分析，可归纳出如下物流特性。

（1）订单内容。即客户订购何种物品、多少数量，这些“种类”及“数量”为物流系统的基本要素。

（2）订货特性。对于从客户处接收的订单，不同的客户具有不同的特性，统计分析这些特性可得出客户的订货特性。

（3）接单特性。对具有订货特性的客户的订单加以收集和累积，长期分析后可看出配送中心的接单特性。

（4）配送中心特性。接单特性再加上入库特性、保管特性，即构成配送中心特性。

（5）EIQ 特性。将客户订单内容中的“种类”及“数量”加以收集，得到一日、一月或一年的接单特性，当业务状态稳定时就形成一定的特性，即 EIQ 特性。

2. 得出配合物流系统特性的物流系统模块

尽管配送中心的形态有许多变化，可是组成一个配送中心的子系统，如自动仓库、高速自动分类机、拣货系统、流动货架、旋转货架、输送机等模块，以及台车、叉车等要素都有一定规则。通过 EIQ 分析可以得到选择子系统、模块、要素等的条件，再依据这些条件，选出候选的各个模块，这样可以节省许多设计时间。

3. 选择物流设备

事先建立物流设备选择所需的条件，只要 EIQ 分析的物流设备分析结果符合这些条件，即可得出所需的物流设备。

4. 仿真分析

EIQ数据为日常物流数据，可用于仿真分析系统所需作业人数、作业时间的计算。

5. 进行物流系统的基础规划

在规划物流系统时有些重要的事必须先加以确定：规模的需求是多少？有多少出货量和入货量？由EIQ分析可得出过去的需求状况，这些数据可以作为假定的需求，将这些数据与阶层式的系统设备条件加以对应，即可得到概略性的系统规划（系统轮廓）。这些方案可能有好几个可供选择，若将入库条件、库存条件、预算金额、建筑法规等条件列入考虑因素，即可进一步将系统的轮廓细化，最后定案的系统规格也可依据实际的情况加以展开。整个规划概念如图5－29所示。

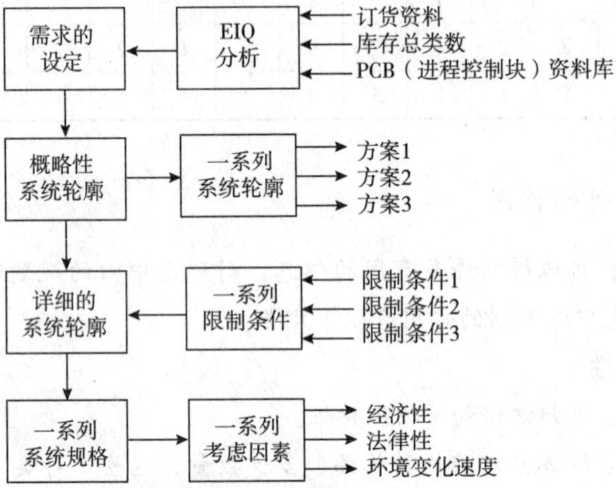

图5－29　EIQ分析在物流系统规划中的作用

（三）订单变动趋势分析

所有利用历史数据的分析过程，均是利用过去的经验值来推测未来趋势的变化。在配送中心的规划过程中，首先要针对历史销售或出货数据进行分析，以了解销货趋势及其变动。如果能找出各种可能的变动趋势或周期性变化，则有利于后续数据的分析。

一般分析过程的时间单位须根据订单数据收集的范围而定，如要预测未来成长的趋势，通常以年为单位；如要了解季度内变动的趋势，通常以月为单位；而要分析月或周内的倾向或变动趋势，则应将选取的区间展开至旬、周或日等时间单位。如此将使数据分析更为充实，但是花费的时间较多，分析过程也复杂许多。在分析时间有限的情形下，找出特定单月、单周或单日平均及最大、最小量的销售数据来分析，也是可行的方法。变动趋势分析常用的方法包括时间数列分析、回归分析等，读者可参考一般统计分析图书，以下就时间数列分析做简要说明。

针对一段时间内的销售数据进行分析时，通常先进行单位换算，以求数量单位统一，否则分析结果将无意义。常见的变动趋势包括以下几种。

(1) 长期趋势。长时间内呈现渐增或渐减的趋势，必须在时间数列中去除其他可能的变动影响因子。

(2) 季节变动。以一年为周期的循环变动，发生原因通常是由于自然气候、文化传统、商业习惯等因素。

(3) 循环变动。以一个固定周期（如月、周）为单位的变动趋势。部分长期的循环（如景气循环）有时长达数年。

(4) 偶然变动。是一种不规则的变动趋势，可能为多项变动因素的混合结果。

如以各年度、月份的时间单位为横轴，进行时间序列分析，常可得到表 5－35 所示的变动形态，包括长期趋势、季节变动、循环变动及偶然变动。在不同的变动趋势下，可调整规划能力的策略及规划设置的规模。

表 5－35　　　　变动趋势分析的形态

变动趋势类型	分析	应用
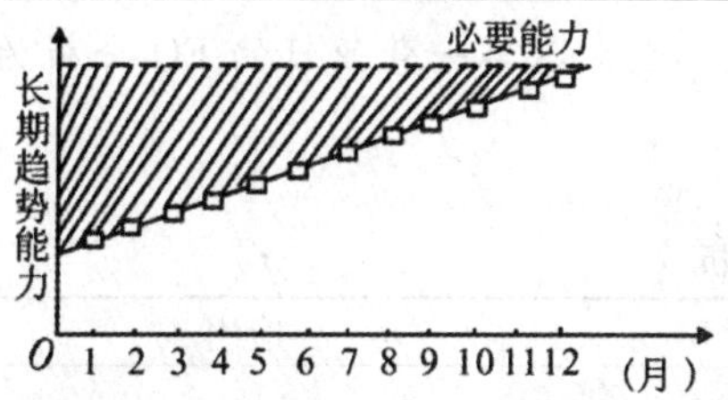	长期趋势有持续递增的趋向，应配合年周期的成长趋势加以判断	规划时可以中期的需求量为规模依据，若考虑长期递增的需求，则可以预留空间或考虑设备扩充的弹性，以分阶段投资方式设置
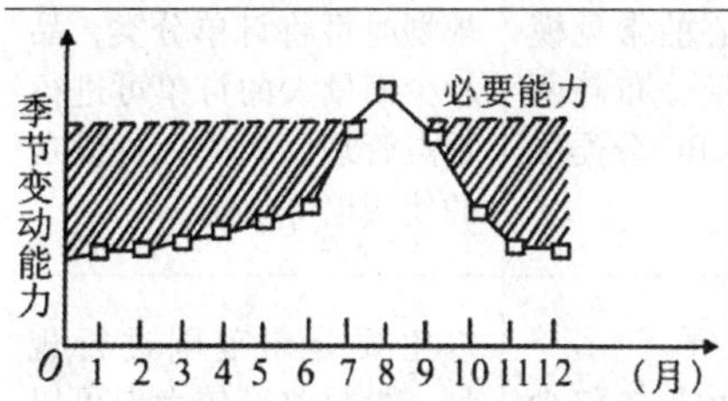	有季节性变动的明显趋势	如果季节变动的差距在 3 倍以上，可考虑部分外包或租用设备，以避免设施过多造成闲置；另外，在淡季时应争取互补性的商品业务以增加仓储设施利用率
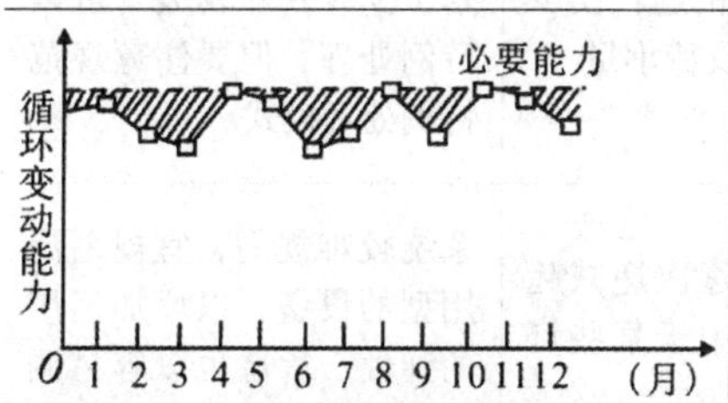	有以季为单位的周期性变动趋势	如果高低峰差距不大且周期较短，可按周期变动内的最大值规划，后续数据分析可缩至某一周期为单位，以简化分析作业
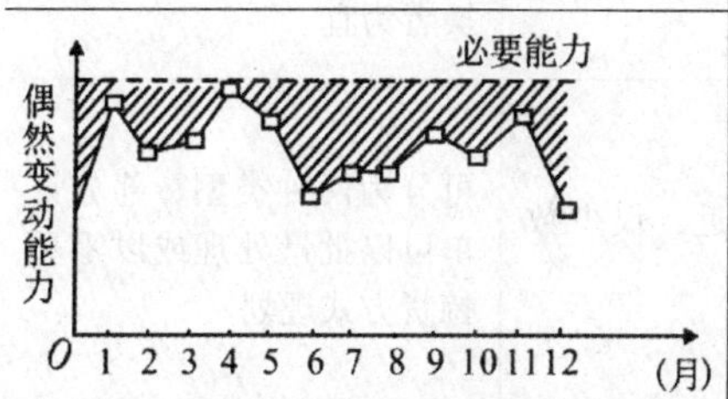	无明显规则的变动趋势	系统较难规划，宜规划泛用型的设施，以增加运用的弹性，仓储货位也以容易调整及扩充者为宜，以应付可能突增的作业需求量

依据不同的变动趋势可设定产能水平的目标，并制订必要的能力水平，通常以达到尖峰值的80%为基准，再视尖峰值出现的频率来调整。一般曲线的峰值与谷值差距在3倍以上时，若要在同一个配送中心系统内处理，将降低效率，营运规模的确定将更加困难，因此必须制订适当的营运量策略，以取得经济效益与营运规模的平衡。产能不足或储运量不足可借助外包、租用调拨仓库、订单平准化，或设计弹性功能较大的仓储物流设备来适应。至于多余的产能或储运空间，则可以考虑出租给他人使用，或者开发与时间互补的产品，以消化淡季时的剩余储运能力。

（四）EIQ图表分析

EIQ图表分析是订单数据分析过程中最重要的步骤，通常要对各个分析图表进行认真分析，并配合交叉分析及其他相关数据做出综合判断。以下为一些基本的分析准则及类型，以供参考，至于较深入的判读技巧仍需规划分析者不断地从各类不同的产业类型及实务信息中获得。

1. EQ分析

EQ分析主要可了解单张订单订购量的分布情形，可用于决定订单处理的原则、拣货系统的规划，并将影响出货方式及出货区的规划。通常以单一营业日的EQ分析为主。各种EQ分布图的类型分析如表5－36所示。

表5－36　　EQ分布图的类型分析

EQ分布图类型	分析	应用
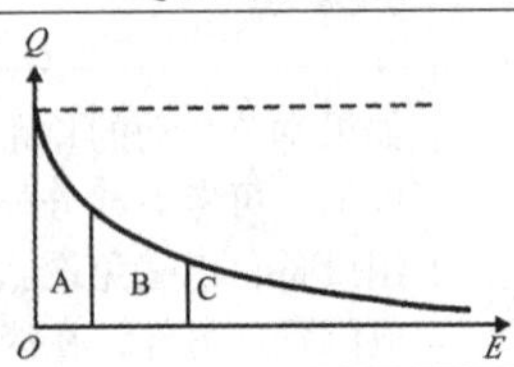	为一般配送中心的常见模式，由于订单量分布趋两极化，可利用ABC分类法进一步分类	规划时可将订单分类，品种少而量大的订单可进行重点管理，相关拣货设备的使用也可分级
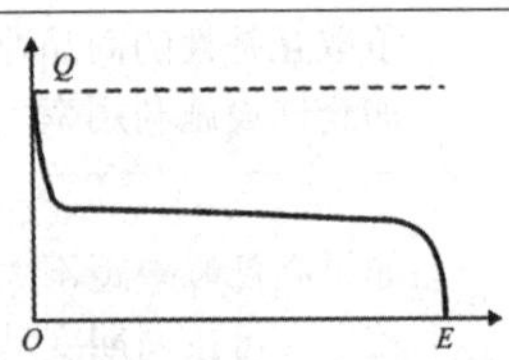	大部分订单量相近，仅少部分有特大量及特小量	以主要分布范围进行规划，少数差异较大者可以特例处理，但要注意规范特例处理模式
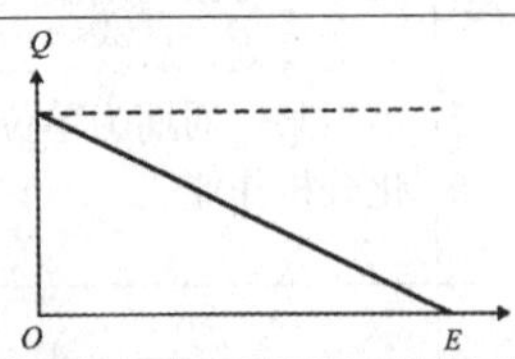	订单量分布呈逐次递减趋势，无特别集中于某些订单或范围	系统较难规划，宜规划泛用型的设备，以增加运用的弹性，货位也以容易调换者为宜
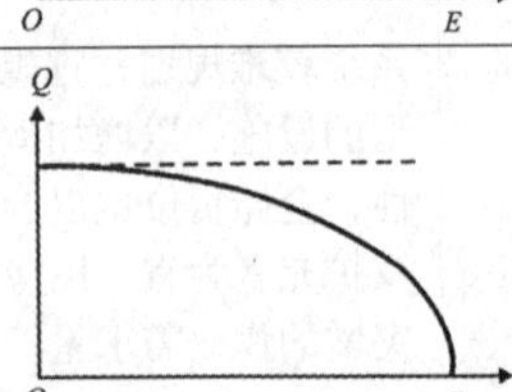	订单量分布相近，仅少数订单量较少	可分为两种类型，部分订单可以批量处理或以零星拣货方式规划

续　表

EQ 分布图类型	分析	应用
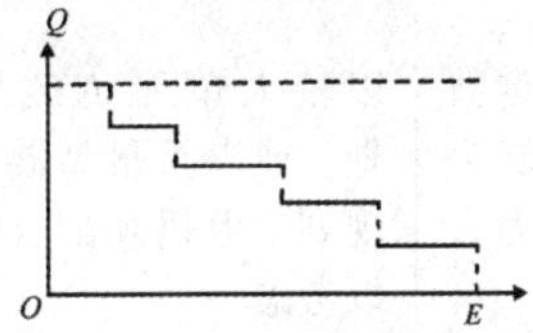	订单量集中于特定数量而无连续性递减，可能为整数（箱）出货，或为大型对象的少量出货	可以较大单元负载单位规划，而不考虑零星出货

EQ 图形发布，可作为决定储区规划及拣货模式的参考，当订单量分布趋势越明显时，分区规划的原则越易运用，否则应以弹性化较高的设备为主。当 *EQ* 量很小的订单数所占比例很高（>50%）时，应将该类订单另行分类，以提高拣货效率；如果以订单拣取，则需设立零星拣货区；如果采取批量拣取，则应分析单日订单数及物性是否具有相似性，综合考虑物品分类的可行性，以决定是否于拣取时分类或在物品拣出于分货区时进行分类。

2. IQ 分析

IQ 分析主要了解各类产品出货量的分布状况，分析产品的重要程度与运量规模，可用于仓储系统的规划选用、储位空间的估算，并将影响拣货方式及拣货区的规划，各 IQ 分布图的类型分析如表 5－37 所示。

表 5－37　　IQ 分布图的类型分析

IQ 分布图类型	分析	应用
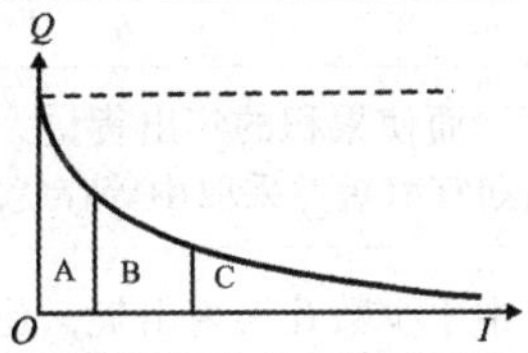	为一般配送中心常见模式，由于订单量分布趋两极化，可进行进一步分类	规划时可将产品分类以划分储区方式储存，各类产品储存单位、存货水平可设定不同水平
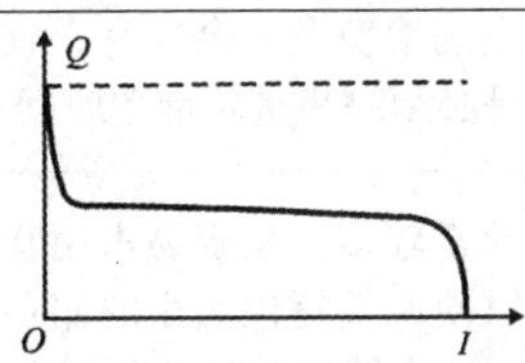	大部分产品出货量相近，仅少部分有特大量及特小量	以同一规格的储存系统及寻址型储位进行规划，少数差异较大者以特例处理
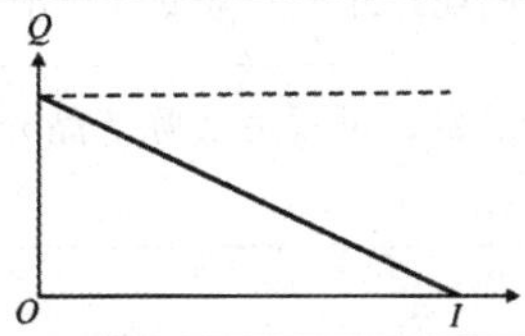	各产品出货量分布呈逐次递减趋势，无特别集中于某些订单或范围	系统较难规划，宜规划泛用型的设备，以增加运用的弹性，货位也以容易调换者为宜
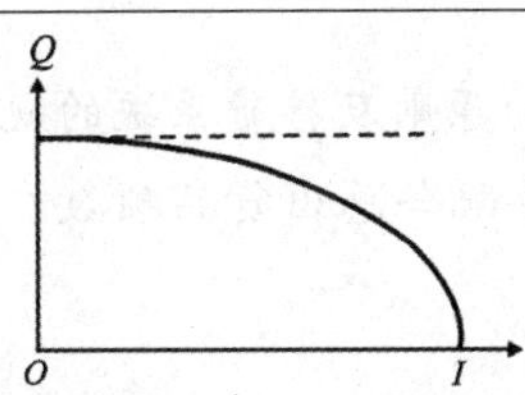	各产品出货量相近，仅部分品项出货量较少	可分成两种类型，部分中、少量订单以轻量型储存设备存放

续 表

IQ 分布图类型	分析	应用
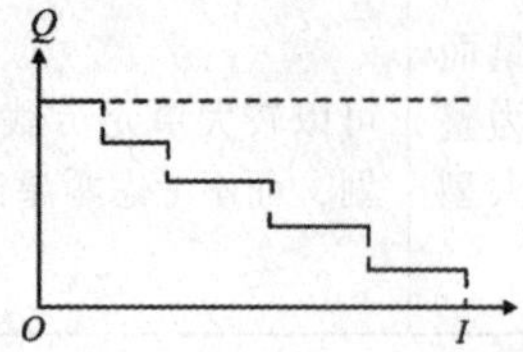	产品出货量集中于特定数量而无连续递减，可能为整数（箱）出货，或为大型对象但出货量较小	以较大单元负载单位规划，或以重量型储存设备规划，但仍须配合物性加以考虑

在规划储区时应以某一时间周期的 IQ 分析为主（通常为一年），配合进行拣货区的规划时，则需要参考单日的 IQ 分析。另外，单日 *IQ* 量与全年 *IQ* 量是否对称也是分析观察的重点，因为结合出货量与出货频率进行关联性的分析时，整个仓储拣货系统的规划将更趋于实际，因此可进行单日 *IQ* 量与全年 *IQ* 量的交叉分析。

若将单日及全年的 IQ 图以 ABC 分类法将品项依出货量分为 A、B、C（大、中、小）三类，并产生对照组合后进行交叉分析，则将其物流特性分成如表 5－38 所示的几类。

表 5－38　　单日与全年 IQ 分析对照

分类	对　比
Ⅰ	年出货量及单日出货量均很大，为出货量最大的主力产品群，仓储拣货系统的规划应以此类为主，仓储区以固定储位较佳；进货周期宜缩短而存货水平较高，以应付单日可能出现的大量出货，通常为供货商型配送中心或工厂发货中心
Ⅱ	年出货量大但单日出货量较小，通常出货天数多且出货频繁，而使累积的年出货量大。可考虑以零星出货方式规划，仓储区可以固定储位规划，进货周期宜缩短并采取中等存货水平
Ⅲ	年出货量小但单日出货量大，虽总出货量很少，但是可能集中于少数几天内出货，是容易造成拣货系统混乱的可能因素。若以单日量为基础规划易造成空间浪费及多余库存，宜以弹性储位规划，平时基本上不进货，接到订单后再进货，但前提是必须缩短进货前置时间
Ⅳ	年出货量小且单日出货量小，虽出货量不高但是所占品项数通常较多，是容易占用仓储空间降低周转率的主要产品群。因此仓储区可以弹性储位规划，以便调整货位大小的储存设施为宜，通常拣货区可与仓储区合并规划以减少多余库存，进货周期宜缩短并降低存货水平
Ⅴ	年出货量中等但单日出货量较小，为分类意义较不突出的产品群，可视为实际产品分类特性再纳入相关分类中

3. EN 分析

EN 分析主要了解订单品项数的分布，对于订单处理的原则及拣货系统的规划有很大的影响，并将影响出货方式及出货区的规划。通常需要配合总出货品项数、订单出货品项累计数及单一订单出货品项数三项指针综合参考。

分析各指针的意义如下。

（1）单一订单出货品项数。计算单一订单中出货量大于0的品项数。就个别订单来看，可视为各订单拣取作业的拣货次数，即

$$N_1 = \text{COUNT}\ (Q_{11},\ Q_{12},\ Q_{13},\ Q_{14},\ Q_{15},\ \cdots)\ >0 \quad (5-6)$$

（2）总出货品项数。计算所有订单中出货量大于0或出货次数大于0的品项数，即

$$N = \text{COUNT}\ (Q_1,\ Q_2,\ Q_3,\ Q_4,\ Q_5,\ \cdots)\ >0 \text{ 或 } \text{COUNT}\ (K_1,\ K_2,\ K_3,\ K_4,\ K_5,\ \cdots)\ >0 \quad (5-7)$$

且$N \geqslant N_1$（总出货品项数必定大于单一订单的出货品项数）。

此值表示实际有出货的品项总数，其最大值即为配送中心内的所有品项数。若采用订单批次拣取策略，则最少的拣取次数即为总出货品项数。

（3）订单出货品项累计次数。将所有订单出货品项数加总所得数值，即以EN分布图绘制柏拉图累计值的极值，即

$$GN = N_1 + N_2 + N_3 + N_4 + N_5 + \cdots \quad (5-8)$$

且$GN \geqslant N$（个别订单的品项重复率越高，则N越小）

此值可能大于总出货品项数甚至所有产品的品项数。若采取订单别拣取作业，则拣取次数即为订单出货品项累计次数。

由以上说明，针对EN分布图与总出货品项数、订单出货品项累计次数两项指针，及配送中心内总品项数的相对量加以比较，可整理成如表5－39所示的模式。基本上，表中各判断指针的大小需视配送中心产品特性、品项数、出货品项数的相对大小及订单品项的重复率来决定，并配合其他的因素综合考虑。

表5－39　　EN分布图的类型分析

EN分布图类型	分析	应用
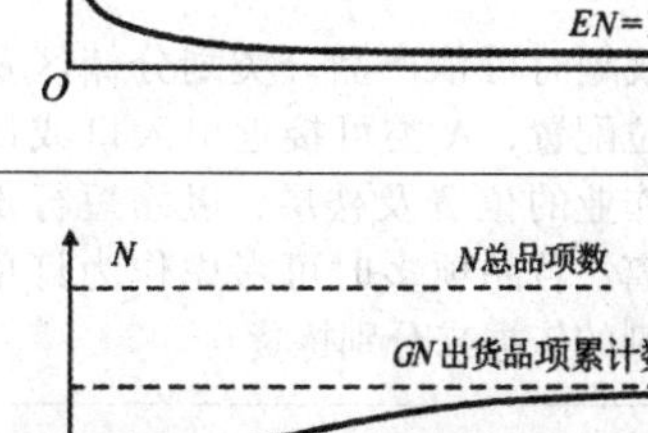	单一订单的出货品项数较小，$EN=1$的比例很高，总品项数不大，与总出货品项数差距也不大	订单出货品项重复率不高，可考虑订单拣取方式作业，或采取批量拣取配合边拣边分类作业
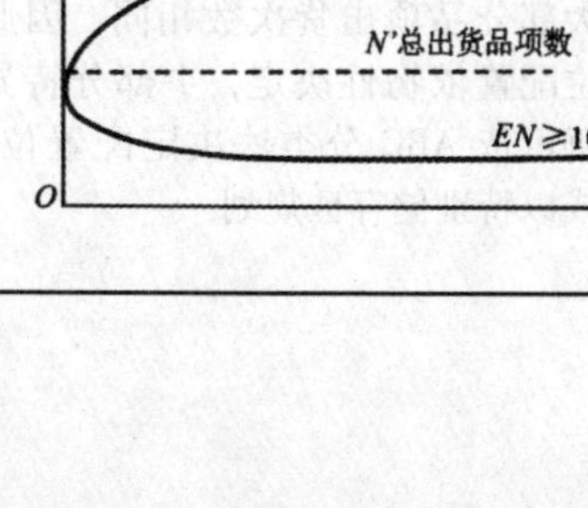	单一订单的出货品项数较大，$EN \geqslant 10$，总出货品项数及出货品项累计数均占总品项数的比重较小，通常为经营品项数很多的配送中心	以订单别拣取方式作业，但由于拣货区路线可能很长，则以订单分割方式分区拣货再集中，或以接力方式拣取

续 表

EN 分布图类型	分析	应用
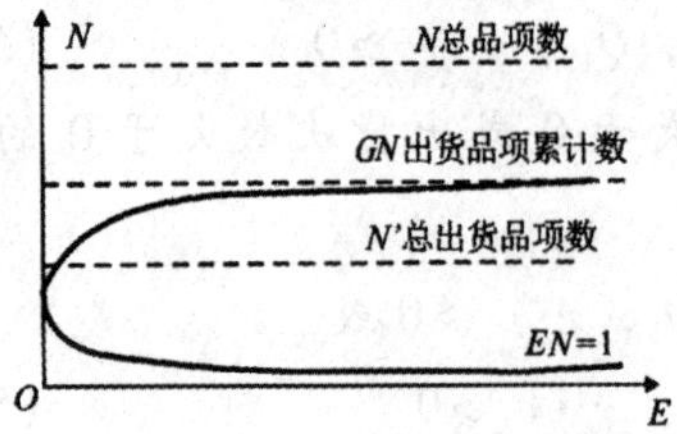	单一订单的出货品项数较小，$EN=1$ 的比例较高，由于总品项数很多，总出货品项数及出货品项累计数均占总品项数的比重较小	以订单别拣取方式作业，并将拣货区分区规划，由于各订单品项少，可将订单以区域别排序并分区拣货
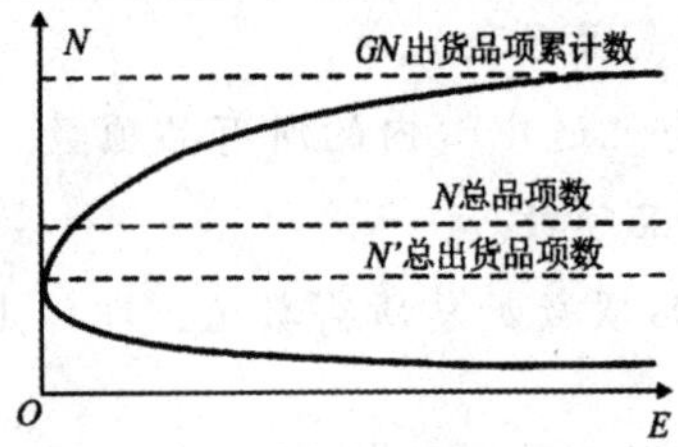	单一订单的出货品项数较大，而总品项数不多，出货品项累计数较总出货品项数大数倍并较总品项数多	订单出货品项重复率高，可以批量拣取方式作业，另须参考物性及物流量大小决定于拣取时分类或拣出后再分类
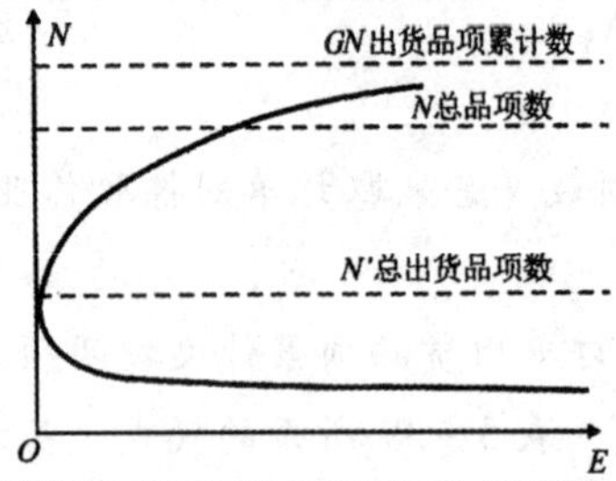	单一订单的出货品项数较大，而总品项数也多，出货品项累计数较总出货品项数大数倍，并较总品项数多	可考虑以批量拣取方式作业，但是若单张订单品项数多且重复率不高，须考虑分类的困难度，否则可以订单分割方式拣货为宜

4. IK 分析

IK 分析主要分析产品别出货次数的分布，对于了解产品别的出货频率有很大帮助，主要功能可配合 IQ 分析决定仓储与拣货系统的选择。另外，当储存、拣货方式决定后，有关储存区的划分及储位配置，均可利用 IK 分析的结果作为规划参考的依据，基本仍以 ABC 分类法分析为主，并决定储位配置的原则，各类型分析如表 5－40 所示。

表 5－40　IK 分布图的类型分析

IK 分布图类型	分析	应用
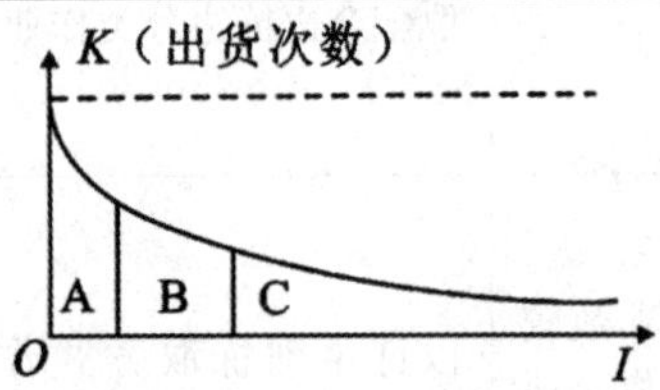	为一般配送中心常见模式，由于订单量分布趋两极化，可利用 ABC 分类法进一步分类	规划时可依产品分类划分储区及储位配置，A 类可接近出入口或便于作业的位置及楼层，以缩短行走距离，若品项多时可考虑作为订单分割的依据来分别拣货
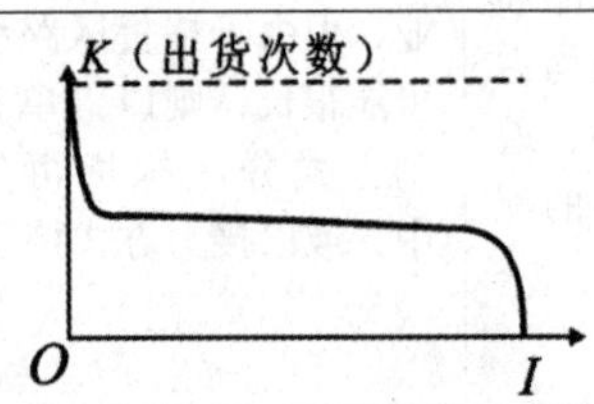	大部分产品出货次数相近，仅少部分有特大量及特小量	大部分品项出货次数相同，因此储位配置依物性决定，少部分特异量仍可依 ABC 分类法决定配置位置，或以特别储存区规划

5. IQ 及 IK 交叉分析

将 *IQ* 与 *IK* 以 ABC 分类法分析后，可对拣货策略提供参考的依据，如图 5－30 所示。将 *IQ* 与 *IK* 以 ABC 分类法分析后，所得交叉分析的分类整理如表 5－41 所示。依其品项分布的特性，可将配送中心规划为以订单别拣取或批量拣取的作业形态，或者以分区混合处理方式运作。实际上，拣货策略的决定仍须以品项数与出货量的相对量作为判断的依据。

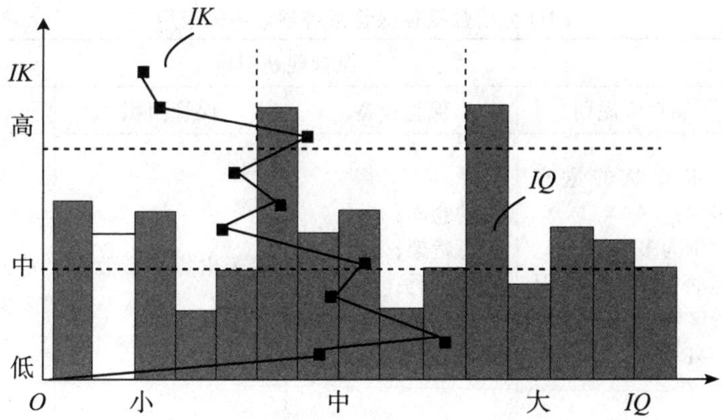

图 5－30　IQ 及 IK 交叉分析

表 5－41　IQ 及 IK 交叉分析

IQ	*IK*		
	高	中	低
高	可采用批量拣货方式，再配合分类作业处理	可采用批量拣货方式，视出货量及品项数是否便于拣取时分类来决定	可采用批量拣货方式，并以拣取时分类方式处理
中	以订单别拣取为宜	以订单别拣取为宜	以订单别拣取为宜
低	以订单别拣取为宜，并集中于接近出入口位置处	以订单别拣取为宜	以订单别拣取为宜，可考虑分割为临时拣货区

（五）EIQ 分析在规划中的应用

经上述各步骤所得出的分析结果如何提供给规划人员进行规划，就如同医生通过各种诊断得知病人身体情况之后，如何开药方。显然，除了根据诊断结果的数据外，还要依据医生的专业知识、经验，将病人的身体特性（如体质、年纪等）状况加以汇总、归纳、分析，才能开出一张药方。有时不是一张药方即可使患者痊愈，而要反复诊断、修改药方。

利用 EIQ 分析规划配送中心也是如此，根据各种图表所得到的各种分析结果显示的物流系统目前的特性，这些结果并不足以用以直接进行规划甚至做决策，还要依赖规划人员的经验、配送中心的其他相关基础数据，进行认真的考虑和斟酌，最后做出几个方案，再加以评估比较，才可确认出一个合适的系统大架构。下面介绍EIQ分析数据如何帮助进行保管系统的规划。

以往仓库的主要功能是储存保管，随着物流效率化的发展，储存保管已不是仓库的主要功能，其功能是任何时刻都能将必要的物品立即出货，这已成为配送中心的保管作业目标。表5-42所示是EIQ分析数据在保管系统规划中的应用。

表5-42　EIQ分析数据在保管系统规划中的应用

分析结果	保管规划项目			
	储存区规划	保管设备	保管面积	保管存量
P_EIQ	以P出货的量有多少？ 比例为多少？ 是否设立托盘保管区？ P→P P→C	自动仓库； 托盘货架； 直接堆码； 评估每种设备所需的拣货时间及人力	每天出货托盘数为多少？	每天出货托盘数为多少？
C_EIQ	以C出货的量有多少？ 比例为多少？ 是否设立箱保管区？ C→C C→C+B C→B	自动仓库； 流动货架； 回转货架； 评估每种设备所需的拣货时间及人力	每天出货箱数为多少？	每天出货箱数为多少？
B_EIQ	以B出货的量有多少？ 比例为多少？ 是否设立单品保管区？ B→B	回转货架； 单品货架； 评估每种设备所需的拣货时间及人力	每天出货单品数为多少？	每天出货单品数为多少？
PC频数分析				平均每品项需补货多少托盘？
CB频数分析				平均每品项需补货多少托盘？

（六）EIQ拣货方法和步骤

1. 拣货方法

拣货方法有两种：人走向物品；物品向人移动。

2. 作业步骤

（1）一个人拣货的方法。即由一个拣货员完成物品的拣货作业。

（2）接力式拣货方法。数个拣货员分别确定好各自所承担的拣货种类和货架的范围，然后按拣货传票要求，只拣出传票中自己所分担的那部分物品，像接力赛一样再把传票传递给下一个拣货员。

（3）区间拣货方法。由一个或数个拣货员确定好各自所拣物品种类和货架的范围，然后按照拣货传票要求只负责拣出自己所负责的物品，再以各个区域为基准，把所拣物品进行汇总的一种方法。

（4）分组拣货方法。把具有各种形状、尺寸、重量的物品编成组，保管在物流配送中心，然后按每组物品进行拣货。

3. 拣货术语

（1）摘果式。摘果式如同从树上摘取果实一样，作业员在货架上取出每一个用户所订的所有物品，即单一拣货。

（2）播种式。播种式适用于成批量拣货模式。就是一次性取出种子后，像播种一样把物品再分配给各个客户，即先汇总用户订单，再进行批量拣货。

（3）总量拣货。把一天或半天的订单集中起来拣货的方法叫作总量拣货。这是一种分批式拣货方法。有的批量拣货处理方法是在 1 ~ 2h 处理完全部用户订单。有的是把一天或半天的订单汇总后进行批量处理。

参考文献

[1]［美］唐纳德 J. 鲍尔索克斯，戴维 J. 克劳斯，M. 比克斯比·库珀，等．供应链物流管理［M］. 原书 4 版．马士华，张慧玉，等，译．北京：机械工业出版社，2014.

[2] 中国物流与采购联合会，中国物流学会．中国物流发展报告（2019—2020）［M］. 北京：中国财富出版社有限公司，2020.

[3] 孙学琴，何民爱．物流中心运作管理［M］. 2 版．北京：机械工业出版社，2008.

[4] 刘常宝．现代仓储与配送管理：基于仓配一体化［M］. 北京：机械工业出版社，2020.

[5] 中国物流与采购联合会医药物流分会，京东物流．中国医药物流发展报告（2020）［M］. 北京：中国财富出版社有限公司，2020.

[6] 张亮，李彩凤．物流学［M］. 2 版．北京：电子工业出版社，2018.

[7] 周兴建，蔡丽华．现代仓储管理与实务［M］. 2 版．北京：北京大学出版社，2017.

作者简介

刘乙，北京物资学院物流学院供应链管理专业教师、国家级物流系统与技术实验教学示范中心教师。研究方向为供应链物流管理、专业实验教学改革。曾发表多篇核心期刊论文、教改论文，主持并参与多项教改项目、多门国家级物流系统与技术实验教学示范中心课程的开发与研究。